INTELIGÊNCIA ARTIFICIAL

ANDRÉ AUGUSTO SUAVE

INTELIGÊNCIA ARTIFICIAL

Freitas Bastos Editora

Copyright © 2024 by André Augusto Suave

Todos os direitos reservados e protegidos pela Lei 9.610, de 19.2.1998.
É proibida a reprodução total ou parcial, por quaisquer meios, bem como a produção de apostilas, sem autorização prévia, por escrito, da Editora.

Direitos exclusivos da edição e distribuição em língua portuguesa:
Maria Augusta Delgado Livraria, Distribuidora e Editora

Direção Editorial: Isaac D. Abulafia
Gerência Editorial: Marisol Soto
Copidesque: Doralice Daiana da Silva
Revisão: Tatiana Lopes de Paiva
Diagramação e Capa: Madalena Araújo

Dados Internacionais de Catalogação na Publicação (CIP) de acordo com ISBD

S939i	Suave, André Augusto
	Inteligência Artificial / André Augusto Suave. - Rio de Janeiro, RJ : Freitas Bastos, 2024.
	216 p. ; 15,5cm x 23cm.
	ISBN: 978-65-5675-407-9
	1. Inteligência artificial. I. Título.
	CDD 006.3
2024-1569	CDU 004.81

Elaborado por Vagner Rodolfo da Silva - CRB-8/9410

Índice para catálogo sistemático:
1. Inteligência artificial 006.3
2. Inteligência artificial 004.81

Freitas Bastos Editora
atendimento@freitasbastos.com
www.freitasbastos.com

ANDRÉ AUGUSTO SUAVE, nascido em 1988, especialista em nuvem, com experiência significativa em projetos de TI em geral, já participou de alguns projetos utilizando *machine learning* e IA generativa. Atua como professor e coordenador universitário, liderando pesquisas avançadas em IA. Apaixonado por compartilhar conhecimento, integrando práticas do setor de TI a teorias acadêmicas para enriquecer tanto o ambiente corporativo quanto o educacional. Dedica-se a formar a próxima geração de profissionais de TI, motivando-os a explorar e inovar na interseção entre tecnologia e educação.

SUMÁRIO

CAPÍTULO 1:
CONHECENDO OS MISTÉRIOS DA INTELIGÊNCIA ARTIFICIAL..11

1.1   Definição de IA.. 11
1.2   O paradoxo da capacidade *versus* compreensão na inteligência artificial 16
1.3   Uma sociedade impactada pela IA.. 18
1.4   Evolução histórica da IA... 22

CAPÍTULO 2:
LÓGICA E OPERAÇÃO DE IA..27

2.1   Fundamentos de lógica em IA... 27
2.2   Lógica simplificada para entender como as máquinas "pensam"......... 29
2.3   Algoritmos e métodos de inferência.. 31
2.4   Programação determinística *versus* aprendizado autônomo............. 32
2.5   IA fraca e forte.. 35

CAPÍTULO 3:
MATEMÁTICA POR TRÁS DA IA...39

3.1   Matemática complexa 39
3.2   Principais abordagens 42
3.3   Álgebra linear em inteligência artificial 44
3.4   Cálculo em inteligência artificial.. 47
3.5   Probabilidade e estatística em inteligência artificial 49
3.6   Lógica e teoria dos conjuntos em inteligência artificial 52

CAPÍTULO 4:
APRENDIZADO DE MÁQUINA (MACHINE LEARNING).........55

4.1   Introdução ao *machine learning* (aprendizado de máquina)............... 55
4.2   Etapas do *machine learning*... 59
4.3   *Machine learning* na prática 61
4.4   Aprendizado supervisionado e não supervisionado 70
4.5   Otimização e avaliação de modelos de ML 75

CAPÍTULO 5:
REDES NEURAIS ARTIFICIAIS..........79

5.1 Arquiteturas de redes neurais profundas 79
5.2 Matemática e redes neurais 88
5.3 Arquitetura de redes naturais profundas 95
5.4 Técnicas de treinamento avançadas 97
5.5 TensorFlow 100

CAPÍTULO 6:
LINGUAGEM NATURAL..........103

6.1 Processamento de linguagem natural – PLN 103
6.2 Fundamentos linguísticos 107
6.3 Métodos e técnicas de PLN 109
6.4 Ferramentas e tecnologias em processamento de linguagem natural... 112
6.5 Modelos de linguagem e *machine learning* *115*
6.6 Aplicações práticas de PLN 117

CAPÍTULO 7:
VISÃO COMPUTACIONAL..........121

7.1 Introdução à visão computacional 121
7.2 Fundamentos de processamento de imagens 123
7.3 Detecção e reconhecimento de objetos 128
7.4 Técnicas de aprendizado de máquina em visão computacional 130
7.5 Visão estéreo e reconstrução 3D: fundamentos e métodos 132
7.6 Rastreamento e análise de movimento: técnicas e aplicações 135
7.7 Desafios e tendências futuras em visão computacional 139

CAPÍTULO 8:
GPT..........143

8.1 Introdução ao modelo GPT 143
8.2 Arquitetura do *transformer*: uma visão detalhada 145
8.3 Pré-treinamento e ajuste fino de modelos de IA 147
8.4 Variações do modelo: explorando as versões do GPT 149
8.5 Imagens com GPT 151
8.6 Desafios técnicos dos modelos GPT 154

CAPÍTULO 9:
BERT 157

9.1 Introdução ao BERT 157
9.2 Arquitetura do *transformer* 159
9.3 Pré-treinamento e tarefas de treinamento do BERT 162
9.4 *Fine-tuning* do BERT 164
9.5 Variantes do BERT 166
9.6 Desafios e limitações do BERT 168

CAPÍTULO 10:
LÓGICA *FUZZY* 171

10.1 Princípios básicos 171
10.2 Sistemas de inferência *fuzzy* 175
10.3 Aplicações da lógica *fuzzy* 178

CAPÍTULO 11:
ÉTICA, MORAL E APLICAÇÕES RESPONSÁVEIS 183

11.1 Contexto de certo e errado em IA 183
11.2 Desafios éticos 185
11.3 Aplicações responsáveis 187
11.4 Casos conhecidos 191

CAPÍTULO 12:
FUTURO EM IA 195

12.1 Avanços tecnológicos em inteligência artificial 195
12.2 IA generalista *versus* especialista 197
12.3 Interseção da IA com outras tecnologias 199
12.4 Ética e governança em IA 202
12.5 Impacto social e cultural da inteligência artificial 204
12.6 Impacto da inteligência artificial no mercado de trabalho
     e na economia 206

REFERÊNCIAS 213

CAPÍTULO 1:
CONHECENDO OS MISTÉRIOS DA INTELIGÊNCIA ARTIFICIAL

1.1 Definição de IA

A era digital trouxe consigo uma revolução tecnológica, na qual a maneira como interagimos com as máquinas e como elas operam entre si e conosco está em constante evolução. Um protagonista dessa revolução é a inteligência artificial (IA), um conceito que desperta tanto fascínio quanto curiosidade. Mas o que realmente significa IA?

A inteligência artificial é um campo da ciência da computação dedicado a desenvolver sistemas capazes de executar tarefas que normalmente necessitariam do discernimento humano. Isso abrange uma ampla gama de capacidades, que incluem aprender, raciocinar, entender linguagem humana e até criar arte. A IA visa equipar máquinas com uma forma de "inteligência", possibilitando que elas realizem atividades complexas de maneira independente.

Diferentemente de programas de computador tradicionais, que seguem um conjunto fixo de instruções para completar uma tarefa, a IA se baseia em algoritmos que permitem que as máquinas aprendam por meio de experiências, adaptem-se a novos dados e executem tarefas de forma mais flexível e autônoma.

Figura 1.1: Árvore digital gerada em IA

Fonte: gerado em OpenAI, 2024.

Existem dois tipos principais de IA: a fraca (ou estreita) e a forte (ou geral). A IA fraca é projetada para uma tarefa específica, como reconhecimento de fala ou análise de imagem. Por outro lado, a forte, tem um objetivo ainda não totalmente alcançado, visa criar sistemas com capacidades cognitivas comparáveis às humanas, capazes de realizar qualquer tarefa intelectual que um ser humano poderia fazer.

O progresso em IA é impulsionado por avanços em algoritmos de aprendizado de máquina, pelo aumento do poder de processamento dos computadores e pela disponibilidade de grandes volumes de dados. Esses desenvolvimentos têm possibilitado aplicações em várias áreas, incluindo saúde, educação, segurança e entretenimento, oferecendo benefícios notáveis, ao mesmo tempo que levantam importantes questões éticas e sociais.

Inteligência artificial não é inteligente nem artificial.

Quando falamos sobre inteligência artificial (IA), muitos imaginam cenas de filmes de ficção científica com robôs superinteligentes ou sistemas autônomos controlando o mundo. No entanto, a realidade da IA é muito mais presente e acessível em nosso dia a dia do que podemos inicialmente perceber.

O que é inteligência artificial?

De forma simplificada, a IA pode ser definida como a capacidade de máquinas ou sistemas computacionais de realizar tarefas que, tradicionalmente, requerem inteligência humana. Isso inclui capacidades como aprender, raciocinar, resolver problemas, perceber o ambiente, reconhecer padrões e até mesmo entender linguagem natural.

Uma das formas mais comuns de IA que muitos de nós interagimos diariamente está nos nossos *smartphones*. Os assistentes virtuais utilizam IA para compreender comandos de voz e fornecer respostas úteis. Outro exemplo são os algoritmos de recomendação utilizados por plataformas de *streaming*, que analisam nossas preferências para sugerir novos conteúdos que possam nos interessar.

Esses exemplos mostram que a IA está longe de ser uma entidade distante ou um conceito futurista. Ela já é uma parte integral de muitas ferramentas e serviços que usamos, melhorando nossa eficiência e oferecendo conveniências que antes não eram possíveis.

A inteligência artificial (IA) é, sem dúvida, um dos campos mais fascinantes e rápidos em evolução no mundo da tecnologia. Seu desenvolvimento ao longo dos anos transformou não apenas a maneira como interagimos com as máquinas, mas também como entendemos nossa própria inteligência e capacidade de resolver problemas.

A IA pode ser definida como a simulação da inteligência humana em máquinas programadas para pensar como humanos e imitar suas ações. Essa definição, embora simples, abre a porta para um mundo de possibilidades que transcendem a simples automação de tarefas.

Além disso, ela está em toda parte, desde os algoritmos que determinam os anúncios que você vê *online* até os assistentes virtuais em seu *smartphone* e os sistemas de recomendação que sugerem ao que assistir a seguir em plataformas de *streaming*. Ela tem o potencial de revolucionar quase todos os aspectos da vida humana, mas esse potencial vem acompanhado de uma série de questões éticas, sociais e técnicas.

Na imagem a seguir (Figura 1.2), podemos fazer uma analogia ao mundo real atual, em que já estamos vivendo uma geração que máquinas, que, apesar de não pensarem, já conseguem tomar decisões e resolver problemas infinitas vezes mais rápido e com mais precisão que nós humanos.

Figura 1.2: Evolução

Fonte: gerado em OpenAI, 2024.

A evolução da IA não foi um caminho reto. Ela teve seus altos e baixos, marcados por períodos de intenso otimismo e grandes desilusões, conhecidos na história como os "invernos da IA", em que o financiamento e o interesse no campo diminuíram drasticamente devido ao fato de as expectativas infladas não serem atendidas. No entanto, graças a avanços significativos em algoritmos, no poder de computação e da disponibilidade de grandes conjuntos de dados, a IA teve um renascimento sem precedentes nas últimas décadas.

Um dos aspectos mais emocionantes da IA é sua capacidade de aprender e melhorar com o tempo. O aprendizado de máquina, e especialmente sua subcategoria, o aprendizado profundo, permitiu que máquinas reconhecessem padrões, interpretassem imagens, entendessem linguagem natural e até mesmo gerassem conteúdo de maneira que parecia ficção científica apenas algumas décadas atrás. Estas tecnologias não estão apenas abrindo novos caminhos, mas também levantando questões importantes sobre privacidade, segurança e o futuro do trabalho.

O impacto da IA na sociedade é imenso e multifacetado. Por um lado, há o potencial de resolver alguns dos problemas mais prementes da humanidade, como o diagnóstico precoce de doenças, a otimização da produção de alimentos e a mitigação das mudanças climáticas. Por outro lado, a automação alimentada pela IA ameaça deslocar uma grande parte da força de trabalho, e seus sistemas podem se perpetuar e amplificar preconceitos existentes se não forem projetados e implementados com cuidado.

Figura 1.3: Médicos IA

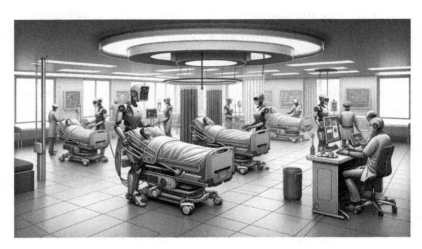

Fonte: gerado em OpenAI, 2024.

1.2 O paradoxo da capacidade *versus* compreensão na inteligência artificial

À medida que avançamos na fronteira do conhecimento em Inteligência Artificial, nos deparamos com um paradoxo fascinante: máquinas hoje podem resolver problemas complexos e realizar tarefas que estavam além do alcance da habilidade humana, mas, ainda assim, elas não alcançaram o que classificamos como IA forte. Como pode uma máquina superar os humanos em jogos estratégicos, reconhecer padrões em dados melhor do que qualquer especialista e até mesmo dirigir veículos com precisão, mas ainda não ter a compreensão ou consciência que caracterizaria a IA forte?

Este paradoxo se desdobra em duas facetas principais: a capacidade e a compreensão. Por um lado, as IAs demonstram capacidades extraordinárias em tarefas específicas, muitas vezes superando os humanos. Os algoritmos de aprendizado profundo e redes neurais, por exemplo, têm alcançado marcos impressionantes, desde diagnosticar doenças com precisão maior que a dos médicos até criar arte que ressoa com emoção humana. Estas são proezas que, à primeira vista, sugeririam um avanço em direção à IA forte.

No entanto, a realidade é que essas máquinas operam sob uma forma de inteligência extremamente especializada, ou IA fraca. Elas são treinadas para tarefas específicas e carecem da capacidade de generalizar seu conhecimento para além de seu treinamento inicial. A IA forte, em contraste, requer não apenas a habilidade de realizar tarefas específicas, mas também a capacidade de compreender, raciocinar, aprender de forma generalizada, além de ter uma consciência de si mesma e do mundo ao seu redor – algo que as máquinas de hoje ainda não demonstram.

O paradoxo se aprofunda quando consideramos a natureza da aprendizagem e compreensão humanas. Humanos não apenas aprendem tarefas, mas também compreendem o "porquê" por trás delas, podem fazer conexões entre conhecimentos distintos e adaptar esse conhecimento a novas situações. Essa adaptabilidade e compreensão contextual estão além do que a IA atual pode oferecer.

Esse paradoxo levanta questões fundamentais sobre o que significa ser inteligente e o papel da consciência na inteligência. Enquanto a IA pode superar os humanos em capacidades isoladas, sua falta de compreensão holística e adaptabilidade coloca em xeque a ideia de que a mera capacidade computacional pode algum dia replicar totalmente a inteligência humana.

Em suma, enquanto continuamos a avançar nas capacidades da IA, o paradoxo da capacidade *versus* compreensão permanece um lembrete humilde de que a essência da inteligência humana é única e complexa, desafiando ainda a nossa capacidade de replicá-la completamente em máquinas.

1.3 Uma sociedade impactada pela IA

A inteligência artificial (IA) deixou de ser uma mera promessa futurista para se tornar uma realidade onipresente, impactando profundamente todos os aspectos da sociedade moderna. Seu avanço contínuo não só promete trazer soluções inovadoras para desafios antigos, mas também levanta questões importantes sobre ética, privacidade e a natureza do trabalho. Explorar o impacto da IA na sociedade requer um olhar cuidadoso sobre seus benefícios e desafios, bem como uma reflexão sobre como garantir que essa tecnologia seja utilizada de maneira responsável e inclusiva.

A IA está revolucionando indústrias, tornando operações mais eficientes e criando produtos e serviços. No setor de saúde, por exemplo, algoritmos de aprendizado de máquina estão sendo utilizados para diagnosticar doenças com precisão superando os métodos tradicionais. Tais avanços não apenas melhoram a qualidade do atendimento ao paciente, mas também prometem tornar o cuidado da saúde mais acessível em regiões remotas, onde especialistas médicos são escassos.

Figura 1.4: IA na agricultura

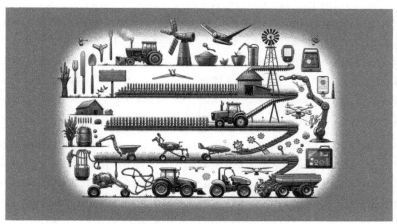

Fonte: gerado em OpenAI, 2024.

Na agricultura, a IA ajuda a otimizar a produção de alimentos por meio da análise precisa de dados sobre clima, solo e saúde das culturas, permitindo aos agricultores tomarem decisões informadas que maximizam o rendimento e reduzem o impacto ambiental. No âmbito educacional, sistemas de aprendizado adaptativos oferecem caminhos personalizados para estudantes, reconhecendo suas necessidades e estilos únicos, e proporcionando recursos que melhor se adaptam ao seu desenvolvimento.

Contudo, o seu impacto vai além da mera automação e eficiência. As questões éticas emergem à medida que consideramos o potencial da IA para perpetuar ou até exacerbar desigualdades sociais. O viés algorítmico é uma preocupação significativa, pois os sistemas de IA treinados com dados históricos podem incorporar e amplificar preconceitos existentes. Isso é particularmente problemático em áreas sensíveis, como contratação de empregos, concessão de créditos e sistemas judiciais, nos quais decisões automatizadas podem afetar a vida das pessoas de maneiras fundamentais.

Além disso, a privacidade dos dados tornou-se uma preocupação premente. À medida que mais aspectos da vida cotidiana são mediados por dispositivos inteligentes e serviços *online*, grandes volumes de dados pessoais são coletados, armazenados e analisados. Sem regulamentações adequadas e transparência, existe o risco de que essas informações sejam mal utilizadas, levantando questões sobre controle, consentimento e segurança dos dados pessoais.

Um dos debates mais intensos em torno da IA é seu impacto sobre o emprego. Enquanto a automação pode levar à perda de empregos em certas indústrias, especialmente em funções rotineiras e manuais, ela também tem o potencial de criar categorias de empregos, exigindo habilidades complementares à tecnologia. Essa transição, no entanto, não será automática nem isenta de desafios. Será necessário um esforço coordenado para requalificar a força de trabalho, garantindo que os trabalhadores possam se adaptar à nova paisagem econômica.

O futuro da IA e seu impacto na sociedade dependem das escolhas feitas hoje por desenvolvedores, legisladores, empresas e cidadãos. Para garantir que os benefícios da IA sejam amplamente compartilhados, é crucial investir em educação, formação e políticas que promovam uma transição justa para todos. Além disso, uma governança eficaz da IA, que inclua regulamentações claras, transparência e responsabilidade, é essencial para mitigar riscos e assegurar que a tecnologia seja utilizada de maneira ética e beneficie a humanidade como um todo.

Explorar o impacto da IA na sociedade revela um cenário complexo de oportunidades e desafios. Ao passo que nos aventuramos mais profundamente nessa era da informação, torna-se imperativo abordar essas questões com um olhar crítico e um compromisso com a equidade, garantindo que o avanço da IA seja sinônimo de progresso para todos.

Figura 1.5: Sociedade IA

Fonte: gerado em OpenAI, 2024.

Um exemplo bastante discutido sobre como a inteligência artificial (IA) pode impactar negativamente a sociedade é o viés algorítmico em sistemas de reconhecimento facial.

Esses sistemas são amplamente usados em várias aplicações, desde desbloqueio de *smartphones* até vigilância e segurança pública. No entanto, estudos e relatórios têm demonstrado que muitos desses sistemas apresentam viés racial e de gênero, resultando em taxas mais altas de falsos positivos para pessoas negras e mulheres.

Um caso notável envolveu um homem afro-americano em Detroit, Michigan, que foi erroneamente preso em 2020 devido a um erro de reconhecimento facial. O *software* utilizado pela polícia identificou o homem como um suspeito de roubo, demonstrando as consequências potencialmente devastadoras do viés algorítmico. Esse incidente não foi isolado, e vários outros casos semelhantes têm sido reportados, evidenciando uma tendência preocupante de injustiça e discriminação automatizada.

O problema central aqui é que os algoritmos de IA, incluindo os usados em sistemas de reconhecimento facial, aprendem com base em conjuntos de dados nos quais são treinados. Se esses conjuntos não forem diversificados ou se refletirem preconceitos históricos e sociais, os sistemas de IA irão perpetuar e, em alguns casos, amplificar esses vieses. Isso levanta questões profundas sobre justiça, equidade e os direitos das pessoas afetadas por decisões automatizadas.

A repercussão desses erros não se limita apenas a inconvenientes ou erros judiciais; eles podem ter impactos profundos na vida das pessoas, incluindo perda de oportunidades de emprego, interações negativas com forças policiais e estigmatização social. Além disso, o uso de IA com viés em processos de decisão críticos pode erodir a confiança pública nas instituições e na tecnologia como um todo.

Esse exemplo destaca a necessidade de uma abordagem mais ética e responsável no desenvolvimento e implementação da IA. Isso inclui a criação de mecanismos de revisão e auditoria independentes, o desenvolvimento de tecnologias mais transparentes e explicáveis, além da implementação de políticas e regulamentações que assegurem o uso justo e equitativo da IA. É fundamental que os desenvolvedores, pesquisadores e reguladores trabalhem juntos para abordar esses desafios, garantindo que a IA beneficie a sociedade de forma justa e inclusiva.

1.4 Evolução histórica da IA

A evolução histórica da inteligência artificial (IA) é uma jornada fascinante de inovação e descoberta, marcada por avanços significativos e desafios intrigantes. Desde os primeiros dias da ciência da computação, pesquisadores sonhavam com máquinas que pudessem imitar o raciocínio humano. A ideia de "máquinas pensantes" começou a tomar forma na metade do século XX, com o desenvolvimento de algoritmos capazes de realizar tarefas simples de processamento de dados e raciocínio lógico.

Nos anos 1950 e 1960, a IA era um campo de pesquisa promissor, impulsionado pela crença de que a criação de inteligência semelhante à humana em máquinas era iminente. Essa época viu o nascimento de linguagens de programação como LISP, projetadas especificamente para o processamento de IA, e a realização de projetos que demonstraram capacidades básicas de aprendizado e solução de problemas em máquinas.

No entanto, as expectativas otimistas não se materializaram rapidamente, e o campo enfrentou vários "invernos da IA", períodos durante os quais o financiamento e o interesse público diminuíram devido ao progresso lento. Apesar desses desafios, a pesquisa continuou, e os anos 1980 e 1990 viram o desenvolvimento de sistemas baseados em conhecimento e redes neurais, que abriram novos caminhos para a aplicação da IA.

A virada do século trouxe consigo avanços significativos em poder de computação e algoritmos, particularmente no campo do aprendizado profundo. Esses desenvolvimentos permitiram grandes progressos em áreas como reconhecimento de fala, visão computacional e processamento de linguagem natural, culminando em sistemas de IA capazes de realizar tarefas complexas com precisão surpreendente.

A capacidade de implementar técnicas de inteligência artificial (IA) que foram teorizadas há décadas, mas inviabilizadas pela limitação do *hardware*, marca uma era de inovação sem precedentes na história da tecnologia. Desde os primeiros conceitos e algoritmos de IA, como redes neurais e aprendizado de máquina, até as abordagens mais complexas de processamento de linguagem natural e visão computacional, o desenvolvimento teórico muitas vezes superava a capacidade de computação disponível. Esse descompasso entre teoria e prática limitou o avanço da IA até recentemente.

Com o advento de *hardware* de computação mais poderoso e eficiente, especialmente GPUs (unidades de processamento gráfico) e sistemas distribuídos em larga escala, tornou-se possível processar grandes volumes de dados e realizar cálculos complexos em uma escala antes inimaginável. Esses avanços permitiram a realização de técnicas de IA que, embora concebidas nas décadas anteriores, permaneciam largamente teóricas devido às restrições de processamento.

O impacto desses avanços é profundo e abrangente, possibilitando inovações em diversos campos, desde diagnósticos médicos avançados e sistemas de recomendação personalizados até veículos autônomos e assistentes virtuais inteligentes. Essa convergência entre teoria e capacidade tecnológica não apenas acelera o progresso da IA, mas também abre novas fronteiras de pesquisa e aplicação, desafiando continuamente os limites do que é possível.

Além disso, a democratização do acesso a esses poderosos recursos de *hardware*, por meio da computação em nuvem e de *frameworks* de código aberto, tem permitido a pesquisadores e desenvolvedores de todo o mundo explorar e inovar em IA, independentemente de suas afiliações institucionais ou recursos financeiros. Isso está promovendo uma era de inovação colaborativa, na qual a troca de ideias e soluções amplia o impacto da IA na sociedade.

Essa transição da teoria para a prática reflete não apenas um marco na evolução da IA, mas também destaca a importância do desenvolvimento contínuo de *hardware* como um facilitador-chave do progresso tecnológico. Enquanto continuamos a expandir nossas capacidades de *hardware*, podemos esperar ver a realização de ainda mais ideias teóricas de IA impulsionando avanços que podem transformar ainda mais a sociedade, a economia e o cotidiano das pessoas.

Figura 1.6: Evolução

Fonte: gerado em OpenAI, 2024.

CAPÍTULO 2:
LÓGICA E OPERAÇÃO DE IA

2.1   Fundamentos de lógica em IA

A lógica, em seu núcleo, é o estudo de raciocínio válido e consistente. Na inteligência artificial, a lógica não apenas orienta o processo de tomada de decisão, como também serve como uma ferramenta essencial para a construção de algoritmos que podem simular o raciocínio humano. Esta seção explora os tipos de lógica mais utilizados em IA e como eles são aplicados nos algoritmos.

Tipos de lógica utilizados em IA

Lógica proposicional: também conhecida como booleana, envolve variáveis que podem ser verdadeiras ou falsas, operadas por conectivos lógicos como E, OU e NÃO. É a forma mais básica usada em sistemas de IA para a construção de decisões simples.

Lógica de primeira ordem: expande a proposicional ao incluir quantificadores como "para todo" e "existe", permitindo a manipulação de objetos e suas propriedades de forma mais expressiva. É crucial em sistemas que exigem um entendimento mais profundo do contexto, como em processamento de linguagem natural.

Lógica modal: introduz modalidades que expressam possibilidade e necessidade. É fundamental em modelagem de cenários e sistemas que trabalham com incertezas, como em sistemas de recomendação e diagnósticos médicos.

Estruturas de dados e modelagem

A escolha e implementação adequadas de estruturas de dados são fundamentais para o sucesso das operações lógicas em sistemas de inteligência artificial. Esta seção discute as principais estruturas utilizadas e como elas suportam a lógica na modelagem de problemas e na execução de algoritmos de IA.

- Árvores: utilizadas para representar decisões e seus possíveis resultados, como as de decisão, que são essenciais para algoritmos de aprendizado supervisionado. Elas facilitam o processo de tomada de decisão lógica ao segmentar dados de maneiras que representam caminhos claros e suas consequências.
- Grafos: empregados em problemas que envolvem redes de entidades interconectadas, como em sistemas de recomendação e otimização de rotas. Eles permitem a representação de complexas relações entre objetos, suportando algoritmos que necessitam de análises de conexão e percurso.
- Redes neurais: estruturas que simulam o funcionamento do cérebro humano, importantes para o processamento e aprendizado de grandes volumes de dados. Elas são capazes de realizar operações lógicas complexas ao ajustar seus pesos e funções de ativação em resposta aos dados de entrada.

Modelagem de problemas do mundo real

A modelagem é o processo pelo qual problemas do mundo real são transformados em formatos que podem ser tratados por sistemas de IA. Isso envolve a seleção da estrutura de dados adequada e a definição de como as operações lógicas serão aplicadas para resolver o problema.

- Exemplo 1 – diagnóstico médico: utilizando árvores de decisão para modelar o processo de diagnóstico, no qual cada nó representa uma pergunta sobre um sintoma e cada ramo uma resposta, conduzindo a conclusões lógicas baseadas em um conjunto de sintomas.
- Exemplo 2 – sistemas de navegação: grafos são usados para modelar locais como nós e rotas como arestas, com algoritmos de busca determinando o caminho mais eficiente entre dois pontos.

2.2 Lógica simplificada para entender como as máquinas "pensam"

Para explorar a lógica e a operação da inteligência artificial (IA) de maneira simplificada, é essencial entender como as máquinas processam informações e "pensam" de forma a imitar a inteligência humana. A IA opera por meio de uma combinação de algoritmos e modelos matemáticos, utilizando grandes volumes de dados para aprender e fazer previsões ou tomar decisões baseadas em padrões identificados.

No coração da operação da IA estão os algoritmos de aprendizado de máquina, que podem ser supervisionados, não supervisionados ou de reforço. Esses algoritmos ajustam seus parâmetros internos (ou "aprendem") com base nos dados de entrada e no *feedback* recebido, melhorando sua precisão ao longo do tempo. Por exemplo, um algoritmo de aprendizado supervisionado em um sistema de reconhecimento de imagem ajustará seus pesos durante o treinamento com um conjunto de imagens etiquetadas, aumentando sua habilidade de identificar corretamente imagens não vistas anteriormente.

A operação de IA também depende de redes neurais, inspiradas no funcionamento do cérebro humano, que são compostas de camadas de neurônios artificiais. Essas redes podem aprender tarefas complexas ao ajustarem as conexões entre os neurônios durante o processo de treinamento. A profundidade dessas redes (ou seja, o número de camadas ocultas) e a complexidade da tarefa determinam a arquitetura específica da rede neural.

Para tornar a lógica da IA mais acessível, pode-se pensar nela como uma criança aprendendo com a experiência. Assim como uma criança aprende a reconhecer objetos mostrando-lhe exemplos repetidos, a IA aprende com base em dados. E, semelhante a como ajustamos nossas estratégias de ensino com base no que funciona melhor para cada criança, os cientistas de dados ajustam algoritmos e estruturas de modelos para melhorar o desempenho da IA.

Figura 2.1: Lógica de aprendizado

Fonte: gerado em OpenAI, 2024.

Essa visão simplificada ajuda a compreender a base lógica sobre a qual a IA opera, destacando a importância dos dados, do aprendizado por meio da repetição e ajuste, e da imitação de processos biológicos, como o funcionamento do cérebro, para desenvolver sistemas de IA que podem realizar tarefas complexas, desde dirigir carros até diagnosticar doenças. À medida que a tecnologia avança, a operação da IA continua a se tornar mais sofisticada, abrindo novas possibilidades para aplicações em praticamente todos os campos do conhecimento humano.

2.3 Algoritmos e métodos de inferência

Os algoritmos e métodos de inferência são cruciais para o funcionamento efetivo dos sistemas de inteligência artificial, permitindo que eles realizem raciocínio lógico e tomem decisões baseadas em dados. Esta seção explora os principais algoritmos utilizados e os métodos de inferência em IA.

Algoritmos fundamentais para operações lógicas em IA

Algoritmos de busca: incluem técnicas como busca em profundidade e em largura, cruciais para navegar por estruturas de dados como árvores e grafos. Estes algoritmos permitem encontrar soluções ou caminhos ótimos baseados em critérios específicos definidos por lógicas formais.

Algoritmos de otimização: assim como os algoritmos genéticos e métodos de gradiente descendente, que são usados para ajustar parâmetros em modelos de IA, como as redes neurais, estes buscam minimizar ou maximizar funções objetivas, uma forma de lógica aplicada para melhorar o desempenho do modelo.

Aprendizado de máquina: algoritmos de aprendizado supervisionado e não supervisionado que ajustam seus modelos a partir de dados de entrada para fazer previsões ou classificações, aplicando lógica indutiva para generalizar a partir de exemplos específicos.

Métodos de inferência lógica

Encadeamento para frente e para trás: no primeiro, as inferências são feitas a partir de dados conhecidos para descobrir novos fatos. Já no encadeamento para trás, parte-se de uma hipótese e busca-se nos dados evidências que a suportem, um método comum em sistemas de diagnóstico.

Inferência bayesiana: utiliza probabilidades para fazer inferências em situações de incerteza. Essencial em muitas aplicações de IA, como no processamento de linguagem natural e sistemas de recomendação, no qual a incerteza é uma componente significativa.

A escolha do método de inferência pode significativamente alterar a performance de um sistema de IA. Por exemplo, inferências mais precisas podem ser obtidas com modelos complexos, mas o custo computacional pode ser proibitivo. A eficácia de um sistema de IA, portanto, muitas vezes depende de um equilíbrio entre precisão inferencial e viabilidade prática.

2.4 Programação determinística versus aprendizado autônomo

Em programação, as estruturas condicionais, comumente conhecidas por suas declarações "se" (IF), são a espinha dorsal da lógica computacional. Essas estruturas permitem que os computadores executem tarefas baseadas em condições predefinidas, levando a resultados previsíveis. Por exemplo, um pedaço de código pode instruir um computador: "Se hoje é segunda-feira, então defina o alarme para as 7h da manhã". Esse é um processo determinístico claro, no qual o programador define explicitamente todas as condições e ações.

Por outro lado, a IA, especialmente aquela fundamentada no aprendizado de máquina, opera de maneira significativamente diferente. Em vez de seguir instruções explícitas e condições definidas pelo programador, a IA "aprende" por meio de grandes volumes de dados. Ela identifica padrões, faz generalizações e toma decisões sem que lhe seja explicitamente codificada cada possível condição ou ação. Um sistema de IA que identifica animais em fotos não é programado com regras específicas para cada animal; em vez disso, ele aprende a reconhecer padrões nas imagens que correspondem a diferentes animais, baseado em exemplos que lhe foram fornecidos durante o treinamento.

No entanto, aqui reside o paradoxo: enquanto as estruturas condicionais representam uma forma de "inteligência" muito básica e rígida, baseada em regras claramente definidas e lógica binária, a IA representa um paradigma completamente diferente. Ela é fluida, adaptativa e capaz de lidar com incertezas e ambiguidades de maneira mais parecida com a cognição humana. Isso desafia a noção tradicional de programação e de como as máquinas "pensam".

Figura 2.2: Sequência infinita condicional

Fonte: gerado em OpenAI, 2024.

Por um lado, isso coloca em questão se as máquinas realmente "entendem" o que estão fazendo ou se simplesmente processam dados em uma escala que imita a compreensão. Por outro, destaca a limitação das abordagens tradicionais de programação para tarefas que requerem verdadeira adaptação e aprendizado.

O paradoxo se aprofunda com a observação de que, embora a IA possa superar os humanos em tarefas específicas graças a essa capacidade de aprender e adaptar-se, ela ainda opera em um *framework* que depende da qualidade e do volume dos dados fornecidos para seu treinamento. Isso levanta questões sobre a verdadeira "inteligência" desses sistemas e se a abordagem baseada em aprendizado de máquina pode algum dia equiparar-se à complexidade e versatilidade da inteligência humana.

Em conclusão, o paradoxo entre IFs e IA ilustra a evolução da computação, de rígida e determinística para algo que se assemelha mais a um processo cognitivo flexível. No entanto, também destaca as limitações e desafios inerentes na tentativa de replicar a verdadeira inteligência humana em máquinas.

2.5 IA fraca e forte

Imagine, se puder, um mundo onde você acorda não pelo despertador do celular, mas por um robô gentilmente sussurrando "Bom dia!" em seu ouvido, com café já pronto, feito exatamente como você gosta. Pode parecer o começo de uma utopia de ficção científica ou o prelúdio de um filme de terror de IA, dependendo de para quem você pergunta. Mas, antes de escolhermos lados, vamos entender a clássica batalha de pesos-pesados: IA forte *versus* IA fraca.

IA fraca, também conhecida como estreita, é aquela inteligência artificial que é realmente boa em realizar uma tarefa específica, mas nada além disso. É como aquele colega de quarto que é um gênio em matemática, mas não sabe fritar um ovo. Exemplos no nosso dia a dia incluem assistentes virtuais, que podem responder a comandos específicos, mas se confundem se você perguntar sobre o sentido da vida. A IA fraca não vai roubar seu emprego... ainda. Mas ela pode te ajudar a ser mais eficiente no que você faz.

Já a IA forte, ou geral, é o santo graal da pesquisa em IA. É a ideia de uma máquina com consciência, capaz de entender e aprender qualquer tarefa intelectual que um ser humano possa fazer. Sim, estamos falando de uma inteligência que pode escrever um romance, compor uma sinfonia e, teoricamente, questionar sua própria existência. A IA forte ainda está mais para ficção científica do que realidade, mas não deixa de fascinar (e talvez assustar) com suas possibilidades. "IA forte: o começo da supremacia das máquinas?" Talvez seja melhor manter essa parte em segredo por enquanto.

Enquanto a IA fraca é como um especialista, a IA forte é um polímata digital. Uma é ótima em fazer o que sabe, a outra poderia, teoricamente, aprender qualquer coisa. Uma maneira humorística de pensar sobre isso é imaginar a IA fraca como um jogador de xadrez que não sabe jogar dama, enquanto a IA forte é aquele amigo irritante que é bom em todos os jogos de tabuleiro na noite de jogos.

As implicações de cada tipo são vastas e variadas. Com a IA fraca, podemos esperar melhorias incrementais em eficiência e conveniência em nossas vidas cotidianas. A IA forte, por outro lado, poderia revolucionar completamente todos os aspectos da sociedade, da ciência à arte. E, se um dia sua geladeira começar a oferecer conselhos de vida, saiba que a IA forte chegou.

As tecnologias de IA generativa atuais, apesar de impressionantes, ainda não se qualificam como IA forte. Conforme mergulhamos no mundo envolvente da IA generativa, desde *chatbots* que podem imitar diálogos humanos até programas que criam obras de arte dignas de museu, é fácil se deixar levar pela ideia de que a IA forte está ao nosso alcance. No entanto, é essencial entender que, apesar de essas tecnologias serem avançadas e verdadeiramente fascinantes, elas ainda estão firmemente no domínio da IA fraca.

A IA generativa, por mais avançada que seja, opera sob um conjunto específico de parâmetros e treinamento. Ela pode gerar texto, imagens e música que, muitas vezes, parecem incrivelmente humanos. Mas, e aqui está a parte importante, ela não compreende o que está criando. Essas tecnologias não têm consciência, autoconsciência ou a capacidade de aplicar conhecimento adquirido em um domínio a problemas totalmente novos com a mesma facilidade que um ser humano.

Para ilustrar: imagine uma IA generativa como um papagaio extremamente talentoso. Ele pode imitar a fala humana à perfeição e até reproduzir sons complexos, mas não entende o significado das palavras que está dizendo. Dessa forma, ela pode produzir resultados que parecem intencionalmente criativos e complexos, mas sem a verdadeira compreensão ou intenção por trás de suas criações.

Portanto, embora a IA forte permaneça um objetivo de longo prazo para pesquisadores e cientistas, um marco aspiracional que nos impulsiona a explorar os limites da tecnologia, a realidade atual é que ainda estamos navegando pelas águas da IA fraca. A forte, com suas promessas de máquinas conscientes e autoconscientes, permanece, por enquanto, no reino da ficção científica.

CAPÍTULO 3:
MATEMÁTICA POR TRÁS DA IA

3.1 Matemática complexa

A inteligência artificial (IA) tem revolucionado o modo como interagimos com a tecnologia, encontrando aplicações em diversos campos, desde reconhecimento de voz até carros autônomos. Por trás dessas inovações, a matemática desempenha um papel fundamental, fornecendo a estrutura teórica necessária para desenvolver algoritmos de IA sofisticados.

Imagine tentar ensinar alguém a pensar e resolver problemas. Agora, imagine que essa "pessoa" é um computador. A inteligência artificial (IA) é basicamente isto: dar aos computadores a capacidade de aprender coisas por conta própria. E a matemática é a linguagem que os computadores usam para entender o mundo e tomar decisões inteligentes.

Tudo começa com números e padrões. Quando você era criança, aprendeu matemática usando blocos e formas para entender como as coisas se encaixam. Na IA, usamos ideias parecidas, chamadas de álgebra linear e estatística, para ensinar os computadores a reconhecer padrões. Por exemplo, identificar um gato em uma foto significa entender o padrão de como um gato geralmente parece.

Os computadores aprendem quase como nós, mas um pouco mais literalmente. Quando falamos sobre máquinas aprendendo, é como se estivéssemos enchendo um grande balde com exemplos para que o computador olhe e diga: "Ah! É assim que isso funciona!". Usamos algo chamado "rede neurais" para isso, que são inspiradas em como nosso cérebro funciona. Imagine uma rede de amigos passando segredos uns aos outros até que todos saibam de uma grande novidade. Cada "amigo" (ou neurônio, no mundo dos computadores) tem um pedaço da informação, e, juntos, eles resolvem o problema.

No coração da IA, especialmente em redes neurais e algoritmos de aprendizado de máquina, está a álgebra linear. Vetores e matrizes são usados para representar dados e operações entre eles, facilitando o processamento computacional em grande escala. Por exemplo, em uma rede neural, os pesos das conexões podem ser representados por matrizes, e o ajuste desses pesos durante o treinamento envolve operações de álgebra linear.

O cálculo desempenha um papel crucial na otimização de modelos de IA, particularmente por meio do uso de derivadas para minimizar funções de custo. Isso é evidente no processo de *backpropagation* em redes neurais, no qual derivadas parciais são calculadas para ajustar os pesos das conexões, melhorando o desempenho do modelo.

Nesse sentido, a estatística fornece as ferramentas para interpretar e modelar dados, essencial para o treinamento e avaliação de modelos de IA. O teorema de Bayes, por exemplo, é fundamental para algoritmos de aprendizado baseados em probabilidade, permitindo que máquinas façam previsões e tomem decisões sob incerteza.

Já os modelos como regressão linear e logística são fundamentados em conceitos matemáticos, utilizando equações para prever saídas baseadas em entradas. A função de custo, uma expressão matemática, é minimizada para encontrar a linha que melhor se ajusta aos dados no caso da regressão linear.

Técnicas como agrupamento e PCA dependem fortemente da matemática para identificar padrões e reduzir a dimensionalidade dos dados, respectivamente. A PCA, por exemplo, utiliza álgebra linear para transformar dados complexos em uma forma simplificada, preservando as características essenciais.

As redes neurais são compostas de camadas de nós interconectados, os quais a matemática regula a transformação de entradas em saídas. O algoritmo de *backpropagation*, essencial para o treinamento de redes neurais profundas, é um exemplo complexo de aplicação de cálculo diferencial.

Após o computador começar a aprender, às vezes ele comete erros. É aqui que entra a matemática de ajustar e melhorar – seria como ajustar uma receita até ficar perfeita. Se o bolo saiu muito seco, talvez você adicione mais leite da próxima vez. Na IA, usamos matemática para ajustar as "receitas" dos computadores, para que eles fiquem melhores em fazer previsões ou reconhecer coisas.

A IA enfrenta desafios matemáticos, como otimização de algoritmos para melhorar a eficiência e precisão. Questões de generalização e *overfitting* também são centrais, exigindo métodos matemáticos para equilibrar a complexidade do modelo com sua capacidade de generalizar para dados não vistos. A pesquisa contínua em matemática aplicada promete superar esses obstáculos, abrindo novos caminhos para avanços em IA.

A matemática é indiscutivelmente a espinha dorsal da inteligência artificial, fornecendo os métodos e teorias que permitem às máquinas aprenderem e operarem de maneira inteligente. À medida que a IA continua a evoluir, o papel da matemática apenas se expandirá, destacando a importância de uma sólida compreensão matemática para inovações futuras no campo.

3.2 Principais abordagens

Alguns conceitos matemáticos usados em inteligência artificial são fundamentais para desenvolver, compreender e aplicar algoritmos de IA. Esses conceitos fornecem a base para o aprendizado de máquina, visão computacional, processamento de linguagem natural, e mais. Apesar de que não é obrigatório um conhecimento profundo em cada área; dependendo do caminho escolhido, você precisa entender algumas abordagens de forma mais apurada, como, por exemplo:

Álgebra linear

- Vetores e espaços vetoriais: usados em algoritmos de aprendizado de máquina para representar dados e operações sobre eles.
- Matrizes e operações com matrizes: essenciais para representar redes neurais e para realizar transformações de dados.
- Autovalores e autovetores: importantes para a redução de dimensionalidade e análise de componentes principais (PCA).

Cálculo

- Derivadas e diferenciação: são cruciais para algoritmos de otimização, como o gradiente descendente, usado na fase de treinamento de modelos de aprendizado de máquina.
- Integrais e integração: menos comuns, mas podem ser usadas em probabilidades e para entender a área sob a curva ROC, por exemplo.

Estatística

- Probabilidade: fundamental para modelos probabilísticos, avaliação de incertezas, e em algoritmos como Naive Bayes e Markov Chains.
- Variáveis aleatórias e distribuições de probabilidade: essenciais para entender as características dos dados e para modelar em aprendizado de máquina.
- Inferência estatística: importante para testar hipóteses e fazer previsões baseadas em dados.

Teoria da informação

- Entropia: usada para medir a incerteza ou a informação contida em uma variável aleatória, fundamental em algoritmos de compressão e criptografia.
- Ganho de informação: usado em algoritmos de aprendizado de máquina para selecionar as melhores características durante a construção de modelos preditivos.

Otimização

- Funções de custo/perda: essenciais para definir o objetivo de um algoritmo de aprendizado e guiar o processo de treinamento.
- Algoritmos de otimização: como o gradiente descendente, usados para encontrar os parâmetros que minimizam a função de custo.

Teoria dos grafos

- Estruturas de grafos: usadas em problemas que envolvem relações complexas, como sistemas de recomendação, análise de redes sociais e otimização de rotas.

Lógica e conjuntos

- Lógica *fuzzy*: permite o raciocínio em condições de incerteza e é aplicada em sistemas de controle e decisão.
- Teoria dos conjuntos: é o fundamento para a lógica e para a modelagem de relações e classificações.

Análise numérica

- Métodos numéricos para solução de equações: usados para implementações eficientes de algoritmos de aprendizado, especialmente nos quais soluções analíticas não são possíveis.

3.3 Álgebra linear em inteligência artificial

Álgebra linear é um pilar fundamental na matemática por trás de muitos algoritmos de inteligência artificial (IA), particularmente no aprendizado profundo, em que vetores, matrizes, operações matriciais e decomposições são utilizados extensivamente.

O estudo da álgebra linear oferece *insights* valiosos e ferramentas essenciais para o desenvolvimento de tecnologias de IA.

Seja na otimização de algoritmos de aprendizado de máquina, na compressão de dados ou na análise de grandes conjuntos de dados, a capacidade de manipular e transformar matrizes e vetores é crucial. Ao dominarem esses conceitos, estudantes e profissionais podem melhor entender e aplicar técnicas de IA para resolver problemas complexos, pavimentando o caminho para inovações que podem transformar indústrias inteiras.

Vetores e matrizes

Em álgebra linear, um vetor é tipicamente representado como uma *array* de números, que podem denotar direções em um espaço. Em IA, vetores são frequentemente usados para representar dados e características. Por exemplo, um vetor pode representar os vários atributos de uma imagem, como cor, borda, orientação e intensidade.

Uma matriz é uma *array* bidimensional de números e é uma extensão do conceito de vetor. Matrizes são cruciais em IA para representar conjuntos de dados mais complexos, como imagens, em que cada elemento da matriz pode representar a intensidade de um *pixel* em uma imagem. Além disso, em redes neurais, são usadas para representar os pesos entre os neurônios das diferentes camadas.

Operações matriciais

- Adição e subtração de matrizes: são operações elementares nas quais os elementos correspondentes são adicionados ou subtraídos. Em termos de IA, essas operações podem ser usadas para ajustar os pesos e *bias* durante o processo de treinamento de modelos.

- Multiplicação de matrizes: é uma das operações mais fundamentais e comumente utilizadas em IA. Ela não é apenas uma multiplicação elementar, mas sim uma combinação de produto e soma dos elementos de linhas e colunas. Essa operação é essencial para calcular a saída dos neurônios em redes neurais, nas quais o valor de entrada é multiplicado pelos pesos, uma matriz, para produzir uma saída por meio de uma função de ativação.
- Transposição de matrizes: envolve inverter suas linhas por colunas. Essa operação é frequentemente usada em algoritmos de IA para ajustar as dimensões das matrizes, permitindo que as operações de multiplicação ou outras transformações sejam realizadas corretamente.

Decomposição de matrizes

- Decomposição em valores singulares (SVD): é uma técnica que fatora uma matriz em três outras matrizes, revelando as propriedades essenciais da original. Em IA, a SVD é usada para redução de dimensionalidade em processamento de imagens e linguagem natural, ajudando a melhorar a eficiência dos algoritmos ao reduzir o ruído e destacar as características mais importantes.
- Decomposição LU e QR: estas são outras formas de decomposição de matrizes que permitem resolver sistemas lineares de equações mais eficientemente, o que é útil em otimizações, uma parte integral de treinar algoritmos de aprendizado de máquina.

3.4 Cálculo em inteligência artificial

O cálculo é uma ferramenta indispensável no desenvolvimento de algoritmos de inteligência artificial (IA), especialmente em aprendizado de máquina. Derivadas e integrais, os dois pilares do cálculo, desempenham papéis críticos na modelagem e otimização de funções, que são essenciais para treinar modelos eficazes.

O cálculo é um componente essencial na caixa de ferramentas de técnicas de IA proporcionando os meios para realizar tarefas fundamentais, como otimização de funções. Ao entenderem e aplicarem derivadas e integrais, os praticantes de IA podem desenvolver modelos mais precisos e eficientes. Vale destacar não apenas a importância teórica, mas também as aplicações práticas do cálculo na vanguarda do desenvolvimento de inteligência artificial, garantindo que os estudantes e profissionais possam aplicar esses conceitos diretamente em seus trabalhos na área.

A Importância das derivadas

- Derivadas e taxas de mudança: em cálculo, a derivada de uma função mede como a saída da função muda em resposta a mudanças em suas entradas. Em IA, são cruciais porque permitem medir como pequenas mudanças nos pesos e *bias* de um modelo afetam a precisão ou o erro dele. Esse conceito é fundamental para ajustá-los de modo que eles realizem suas tarefas mais eficientemente.
- Gradientes e gradiente descendente: o gradiente de uma função, que é o vetor de suas derivadas parciais, aponta na direção de maior aumento da função. No contexto de IA, frequentemente queremos fazer o oposto: minimizar uma função de custo ou perda que mede o quão mal um modelo está desempenhando. O método do gradiente

descendente utiliza os gradientes para fazer ajustes iterativos nos parâmetros do modelo (por exemplo, pesos em uma rede neural) na direção que reduz o erro. Ao calcularmos o gradiente da função de custo e seguirmos na direção oposta (descendente), podemos encontrar os parâmetros que minimizam o erro, otimizando o desempenho do modelo.

Aplicação das integrais

- Integrais e áreas sob curvas: enquanto as derivadas fornecem informações sobre a taxa de mudança, as integrais são usadas para calcular o total acumulado, como a área sob uma curva. Em IA, as integrais não são tão centralmente utilizadas quanto as derivadas, mas têm aplicações em áreas como processamento de sinais e probabilidade. Por exemplo, as integrais são usadas para determinar a distribuição cumulativa de dados, o que pode ajudar em métodos estatísticos aplicados à IA.
- Regularização e controle de complexidade: em alguns casos, integrais também desempenham um papel na regularização de modelos de IA. Regularização é uma técnica usada para evitar o sobreajuste, garantindo que o modelo não seja excessivamente complexo. Por exemplo, métodos de regularização como L1 e L2 podem ser interpretados como a adição de um termo integral que penaliza grandes valores nos parâmetros do modelo durante o treinamento.

Desafios e considerações práticas

- Escolha de algoritmos e taxa de aprendizado: a escolha entre um dos métodos são críticas no treinamento de modelos de IA. Uma taxa de aprendizado muito alta pode fazer com que o algoritmo de gradiente descendente oscile ou divirja, enquanto uma taxa muito baixa pode resultar em uma convergência muito lenta, aumentando o tempo de treinamento.

- Uso de *software* de cálculo: na prática, muitas das operações de cálculo necessárias para treinar modelos de IA são realizadas usando *software* que pode automatizar as tarefas de diferenciação e integração. *Framework*s de aprendizado de máquina, como TensorFlow e PyTorch, implementam automaticamente técnicas como a diferenciação automática, que permite calcular gradientes de maneira eficiente e precisa.

3.5 Probabilidade e estatística em inteligência artificial

Probabilidade e estatística são pilares fundamentais no campo da Inteligência Artificial, especialmente no aprendizado de máquina, em que a capacidade de um modelo para aprender com base em dados e fazer previsões é essencialmente baseada nesses conceitos.

Conceitos de probabilidade

Probabilidade é a medida da certeza ou possibilidade de que um evento particular ocorra. Em IA, isso pode significar a probabilidade de um certo resultado de um modelo, como a classificação de um *e-mail* como *spam*. Entender as probabilidades ajuda os modelos a fazerem estimativas sobre dados em situações incertas.

Variáveis aleatórias são quantidades numéricas cujos valores dependem dos resultados de fenômenos aleatórios. Em contextos de IA, podem representar qualquer coisa, desde a entrada de um modelo até seu resultado. Por exemplo, em um modelo que preveja o tempo de chegada de um ônibus, a variável aleatória poderia ser o número de minutos até a chegada do ônibus.

Distribuições de probabilidade

Distribuições de probabilidade: descrevem como as probabilidades são distribuídas entre os possíveis valores de uma variável aleatória. Compreendê-las é crucial para o treinamento de modelos de IA, pois permite que os cientistas de dados e desenvolvedores ajustem os modelos para refletir mais precisamente a realidade das informações.

Distribuições discretas e contínuas: em IA, algumas variáveis aleatórias, como o número de vezes em que um usuário clica em um anúncio, seguem uma distribuição discreta (por exemplo, a distribuição binomial). Outras, como a medida do tempo em que um usuário permanece em uma página da *web*, podem ser modeladas por distribuições contínuas (por exemplo, a distribuição normal).

Estatísticas Descritivas

Estatísticas descritivas são resumos numéricos que descrevem características dos dados, como média, mediana, moda, variância e desvio padrão. Esses indicadores são fundamentais para entender o comportamento dos dados em modelos de IA:

- Média e mediana: indicam a tendência central dos dados, informando sobre condições comuns ou típicas.
- Variância e desvio padrão: oferecem *insights* sobre a dispersão dos dados, indicando o quanto os dados variam em relação à média.

Essas estatísticas ajudam na etapa preliminar de qualquer projeto de IA, permitindo que os desenvolvedores tenham uma visão geral rápida e eficaz dos dados com os quais estão trabalhando.

Estatísticas Inferenciais

Estatísticas inferenciais permitem que os cientistas de dados tirem conclusões e façam previsões sobre um conjunto de dados maior a partir de uma amostra. Isso é especialmente útil em IA, na qual os modelos devem ser capazes de generalizar a partir de conjuntos de dados limitados para situações não vistas.

- Testes de hipóteses: são usados para validar as suposições feitas nos modelos.
- Intervalos de confiança: ajudam a estimar a precisão das previsões dos modelos.

Essas técnicas são essenciais para validar a eficácia de um modelo de IA e garantir que ele funcione bem quando implementado em situações reais.

A probabilidade e a estatística não são apenas ferramentas de suporte; elas são fundamentais para a construção e validação de modelos de IA. Elas fornecem os métodos necessários para analisar e interpretar dados, bem como avaliar e melhorar o desempenho dos modelos e fazer previsões confiáveis.

3.6 Lógica e teoria dos conjuntos em inteligência artificial

A lógica formal e a teoria dos conjuntos são componentes essenciais da matemática que desempenham papéis cruciais em diversos aspectos da inteligência artificial (IA), especialmente em sistemas baseados em regras e lógica *fuzzy*.

Lógica formal em IA

- Fundamentos de lógica formal: é o estudo de raciocínio no qual as conclusões são deduzidas com base em premissas por meio de regras lógicas. Em IA, isso é fundamental para desenvolver sistemas que possam raciocinar de forma clara e correta. A lógica proposicional e a de predicados são particularmente importantes, pois permitem a formulação e manipulação de declarações lógicas que são essenciais para a automação de decisões e raciocínios.
- Sistemas baseados em regras: em IA, eles utilizam a lógica para formular regras que governam o comportamento do sistema. Essas regras, que são essencialmente condicionais lógicos (se-então), permitem que o sistema faça inferências lógicas baseadas em dados de entrada e conhecimento prévio. Por exemplo, um sistema de diagnóstico médico pode usar regras lógicas para inferir doenças com base em sintomas dados.

Teoria dos conjuntos em IA

- Introdução à teoria dos conjuntos: é o ramo da matemática que estuda conjuntos, que são coleções de objetos. Em IA, conjuntos são frequentemente utilizados para representar e manipular grupos de entidades ou categorias, como classificações de objetos em visão computacional ou categorias de texto em processamento de linguagem natural.

- Operações com conjuntos: as operações fundamentais, como união, interseção e complemento, são vitais para manipular dados e extrair informações. Em algoritmos de aprendizado de máquina, as operações de conjuntos podem ser usadas para combinar diferentes características dos dados, filtrar informações ou aplicar critérios de seleção.

Lógica *fuzzy*

Os conceitos de lógica *fuzzy*, diferentemente da lógica clássica que trabalha com valores binários (verdadeiro ou falso), permitem que os valores de verdade variem em um espectro contínuo entre 0 e 1. Isso é extremamente útil em IA para modelar conceitos que não são absolutamente definidos, como "quente" ou "frio", e para lidar com incertezas e ambiguidades dos dados reais.

Já as aplicações da lógica *fuzzy* em IA são amplamente utilizadas em sistemas de controle e decisão, nos quais os *inputs* são frequentemente imprecisos ou incertos. Por exemplo, um controlador *fuzzy* para um ar-condicionado pode decidir a intensidade do resfriamento baseando-se em uma medida imprecisa da temperatura e da umidade, fornecendo uma resposta mais adaptativa e confortável do que um sistema de controle tradicional baseado em lógica binária.

A compreensão da lógica formal e da teoria dos conjuntos não apenas enriquece a capacidade de um sistema de IA de raciocinar e tomar decisões, mas também amplia o escopo de sua aplicabilidade em situações reais nas quais a precisão e a adaptabilidade são cruciais. Esses fundamentos permitem que os sistemas de IA processem e analisem grandes conjuntos de dados complexos, realizem inferências lógicas robustas e operem de maneira flexível em ambientes incertos. Por essas razões, a lógica e a teoria dos conjuntos são indispensáveis na educação de qualquer estudante ou profissional que aspire a trabalhar no campo da inteligência artificial.

CAPÍTULO 4:

APRENDIZADO DE MÁQUINA
(MACHINE LEARNING)

4.1 Introdução ao *machine learning* (aprendizado de máquina)

Machine learning, ou aprendizado de máquina, é uma subárea da inteligência artificial que permite que sistemas aprendam e melhorem pot meio da experiência sem serem explicitamente programados para isso. Embora o conceito possa parecer futurista, ele já permeia muitos aspectos do nosso cotidiano. Desde recomendações de produtos em lojas *online* até assistentes virtuais em *smartphones*, o *machine learning* está por trás de muitas tecnologias que utilizamos todos os dias.

A história do *machine learning* é marcada por avanços significativos que se alinham com o desenvolvimento da computação. Desde os primeiros dias dos autômatos programáveis até os sofisticados algoritmos de hoje, a jornada foi longa e cheia de inovações. Nos anos 1950, Alan Turing, um matemático britânico, propôs a ideia de que as máquinas poderiam aprender de uma maneira que se assemelhasse à inteligência humana, formulando o famoso "teste Turing" para avaliar a capacidade de uma máquina de exibir inteligência equivalente ou indistinguível da humana.

Figura 4.1: Teste de Turing

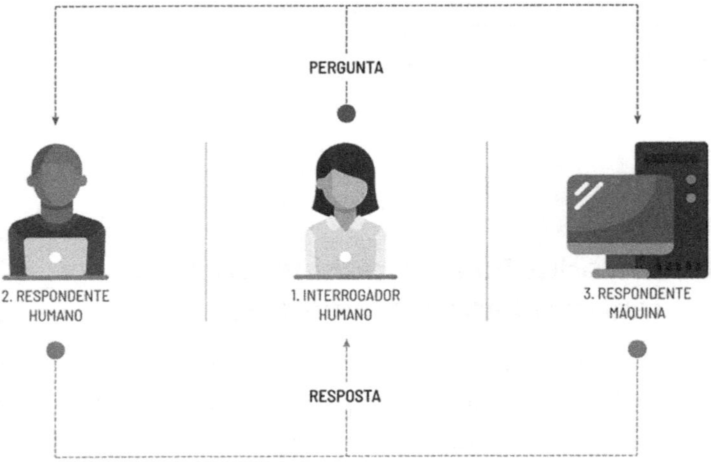

[Diagrama: 1. INTERROGADOR HUMANO envia PERGUNTA para 2. RESPONDENTE HUMANO e 3. RESPONDENTE MÁQUINA, que enviam RESPOSTA de volta]

Fonte: Pareto, 2023.

No teste, um humano interage por meio de uma interface de texto com um participante oculto, que pode ser outra pessoa ou uma máquina. O objetivo é determinar se o interlocutor é humano ou artificial, baseando-se unicamente nas respostas fornecidas.

Esse teste tem implicações significativas no campo do aprendizado de máquina, especialmente em áreas relacionadas à inteligência artificial (IA) e processamento de linguagem natural (PLN). Modelos de aprendizado de máquina que buscam passar no teste de Turing geralmente requerem uma combinação de compreensão contextual, geração de linguagem coerente e elementos de raciocínio, desafiando os limites entre a capacidade cognitiva humana e artificial.

Embora o teste de Turing não meça a inteligência em um sentido amplo, ele continua sendo uma referência útil para avaliar o quão "inteligentes" nossos sistemas de IA podem parecer aos olhos humanos. Ele também serve como um desafio contínuo para os desenvolvedores de IA incentivando o avanço em áreas como a geração automática de texto, que é crucial para aplicações de IA conversacional.

Machine *learning* é uma força transformadora no mundo moderno, impactando praticamente todos os setores da indústria e da ciência. A capacidade de automatizar decisões e prever resultados com base em dados massivos não apenas otimiza processos, mas também abre novas fronteiras para inovação e eficiência.

No dia a dia, o *machine learning* desempenha um papel crucial em sistemas de recomendação, como os usados por serviços de *streaming* de vídeo e música, que sugerem filmes, *shows* e músicas baseados nos hábitos de consumo dos usuários. Esses sistemas analisam vastas quantidades de dados para identificar padrões e preferências, melhorando a experiência do usuário de maneira significativa.

Já no campo da medicina, os algoritmos de aprendizado de máquina estão revolucionando o diagnóstico e o tratamento de doenças. Eles são capazes de analisar imagens médicas com precisão super-humana, ajudando na detecção precoce de condições como câncer e doenças cardíacas. Isso não só salva vidas, mas também reduz os custos de saúde ao prevenir condições graves antes que elas se agravem.

O impacto do *machine learning* vai além das aplicações práticas; ele também é uma ferramenta vital para a pesquisa científica. Por exemplo, em campos como a física e a astronomia, algoritmos de aprendizado de máquina são usados para analisar grandes conjuntos de dados coletados por telescópios e aceleradores de partículas, ajudando a descobrir novos fenômenos e a entender melhor o Universo.

O *machine learning* não é apenas uma ferramenta tecnológica; é um facilitador de inovações que transforma indústrias e enriquece a vida humana. Ele nos permite não apenas "fazer mais com menos", mas também explorar possibilidades que antes pareciam inatingíveis. As técnicas utilizadas podem ser categorizadas em três tipos principais, cada um com suas aplicações. Essa classificação nos ajuda a entender como diferentes algoritmos aprendem com base nos dados fornecidos.

Aprendizado supervisionado

O aprendizado supervisionado é um dos métodos mais comuns e é caracterizado pelo uso de dados de treinamento que já contêm as respostas desejadas, conhecidas como *labels*. No algoritmo de aprendizado supervisionado, o objetivo é construir um modelo que seja capaz de prever a resposta correta para novos dados. Por exemplo, um algoritmo de aprendizado supervisionado pode ser treinado para reconhecer *e-mails* como "*spam*" ou "não *spam*" usando um conjunto de *e-mails* que já foram classificados.

Aprendizado não supervisionado

Diferentemente do anterior, o aprendizado não supervisionado lida com dados que não têm *labels*. O objetivo aqui é explorar a estrutura das informações para extrair padrões e identificar agrupamentos de dados similares. Este tipo é útil em cenários em que não sabemos quais perguntas fazer previamente. Um exemplo prático é a segmentação de clientes em *marketing*, na qual o algoritmo tenta identificar grupos de clientes com comportamentos ou preferências semelhantes sem uma classificação prévia.

Aprendizado por reforço

O aprendizado por reforço é um tipo de *machine learning* em que um agente aprende a tomar decisões sequenciais. Ele recebe recompensas por ações bem-sucedidas e penalidades por ações inadequadas. Este método é amplamente usado em sistemas de navegação autônoma e jogos de computador, nos quais o agente deve aprender a otimizar suas decisões ao longo do tempo para alcançar um objetivo.

Cada um desses tipos tem suas próprias vantagens e desafios, e a escolha de qual método usar depende muito do problema específico que se pretende resolver. Nas próximas seções, exploraremos cada um desses tipos em detalhes, abordando algoritmos específicos e casos de uso que ilustram como eles são aplicados na prática.

4.2 Etapas do *machine learning*

O processo de *machine learning* é iterativo e envolve várias etapas críticas, desde a preparação dos dados até a implementação e monitoramento do modelo em ambientes de produção. Aqui está uma visão geral das etapas essenciais:

Coleta de dados

Tudo começa com a coleta de dados, que podem vir de diversas fontes, como arquivos de *log*, bases de dados corporativas, sensores em dispositivos, entre outros. A qualidade e a quantidade de dados coletados são fundamentais, pois modelos de *machine learning* são tão bons quanto os dados fornecidos.

Limpeza e preparação de dados

Após a coleta, os dados frequentemente passam por um processo de limpeza e preparação. Isso pode incluir a remoção de dados incompletos, corrigindo erros, e formatando os dados de maneira consistente. Essa etapa é crucial porque dados mal preparados podem levar a conclusões errôneas ou a um desempenho insatisfatório do modelo.

Escolha do modelo

Dependendo do tipo de problema (por exemplo, classificação, regressão, agrupamento), diferentes modelos podem ser escolhidos. Os comuns incluem árvores de decisão, redes neurais e máquinas de vetores de suporte. A escolha do modelo é geralmente guiada pelo tipo de dados disponíveis e pelo objetivo específico do projeto.

Treinamento do modelo

Nesta etapa, o modelo selecionado é "treinado" usando um conjunto de dados de treinamento. Isso envolve o ajuste dos parâmetros do modelo para minimizar erros. Modelos mais complexos, como redes neurais profundas, podem exigir grandes conjuntos de dados e capacidade computacional significativa para o treinamento.

Avaliação do modelo

Após o treinamento, o modelo é testado usando um conjunto de dados de teste, que não foi usado durante o treinamento. Essa etapa é vital para verificar se o modelo pode generalizar bem para novos dados. Métricas como precisão, *recall* e a área sob a curva ROC são comumente utilizadas para avaliar o desempenho do modelo.

Ajustes e melhorias

Com base nos resultados da avaliação, o modelo pode necessitar de ajustes. Isso pode incluir o de parâmetros, a escolha de um modelo diferente, ou até mesmo a volta para a etapa de preparação de dados para melhorar a qualidade dos dados usados.

Implantação

O modelo ajustado e validado é finalmente implantado em um ambiente de produção, em que ele pode começar a fazer previsões ou classificações em tempo real.

Monitoramento e manutenção

Após a implantação, é essencial monitorar o desempenho do modelo para garantir que ele continua sendo eficaz. Mudanças nos padrões de dados podem exigir reajustes periódicos ou retreinamento do modelo.

4.3 Machine learning na prática

Exemplo 1 - regressão linear

Regressão linear é uma das técnicas estatísticas mais fundamentais e fáceis de entender em *machine learning*, sendo utilizada para prever valores contínuos. Imagine que você está tentando equilibrar uma gangorra no *playground*, na qual diferentes pesos são colocados em diferentes distâncias ao longo da gangorra. O objetivo é ajustar a posição do ponto de apoio (fulcro) de modo que a gangorra fique perfeitamente equilibrada.

Nesse cenário:

- Os pesos na gangorra representam os dados observados.
- O ponto de apoio representa o intercepto 0β0, ou o ponto em que a linha de regressão "equilibra" os dados no gráfico.
- O ajuste da inclinação da gangorra representa a inclinação da linha de regressão 1β1, ou como a variável independente x influencia a variável dependente y.

Seu objetivo é mover o ponto de apoio (ajustar o intercepto) e talvez inclinar a gangorra (ajustar a inclinação) até que os pesos pareçam balanceados ao longo dela. Da mesma forma, na regressão linear, ajustamos o intercepto e a inclinação da linha até que ela se "encaixe" da melhor forma possível aos dados, minimizando as distâncias verticais (os resíduos) entre os pontos de dados e a linha.

A regressão linear modela a relação entre uma variável dependente y, que queremos prever, e uma ou mais independentes x. O objetivo é encontrar uma linha que melhor se ajuste aos dados, minimizando a diferença entre os valores previstos e os valores reais observados. Essa linha pode ser descrita por uma equação simples, em que:

$$y = \beta_0 + \beta_1 x_1 + \dot{o}$$

- Y é a variável dependente (o que queremos prever).
- 1x1 é a variável independente (o preditor).
- 0β0 é o intercepto da linha (o valor de y quando x é 0).
- 1β1 é o coeficiente da variável independente (a inclinação da linha, indicando o efeito que x tem sobre y).

- ϵ é o termo de erro, representando a diferença entre os valores observados e os valores modelados pela linha de regressão.

A regressão linear procura minimizar a soma dos quadrados dos resíduos, na qual um resíduo é a diferença entre o valor observado e o valor previsto por nosso modelo. Matematicamente, isso é feito utilizando o método dos mínimos quadrados, que ajusta a inclinação 1β1 e o intercepto 0β0 para minimizar:

$$\sum_{j=1}^{N}\left(y_i - \left(\beta_0 + \beta_1 \times 1^i\right)\right)^2$$

Em que yi e 1x1i são os valores observados de y e x nos dados.

Estimação dos coeficientes

Os coeficientes 0β0 e 1β1 são geralmente estimados usando a equação normal:

$$0 = \left(x^T x\right)^{-1} x^{T_Y}$$

Na qual:

- X é uma matriz de características, que inclui um termo constante para o intercepto e os valores da variável independente.
- Y é o vetor de valores observados da variável dependente.

Aplicações práticas

A regressão linear é usada em diversas aplicações práticas, como:

- Economia (para prever PIB, desemprego etc.).
- Negócios (para estimar vendas, custos).
- Ciências da saúde (para modelar relações entre medicamentos e efeitos clínicos).

Ela serve como base para o entendimento de técnicas mais complexas em *machine learning* e estatística, sendo um primeiro passo crucial no aprendizado desses campos.

Figura 4.2: Python - regressão linear em Python

```
import numpy as np
import matplotlib.pyplot as plt

# Gerando dados sintéticos
np.random.seed(0)
x = 2 * np.random.rand(100, 1)
y = 4 + 3 * x + np.random.randn(100, 1)

# Implementando a regressão linear
# Adicionando uma coluna de 1s para intercept
X_b = np.c_[np.ones((100, 1)), x]
theta_best = np.linalg.inv(X_b.T.dot(X_b)).dot(X_b.T).dot(y)

# Parâmetros da linha de regressão
intercept, slope = theta_best

# Fazendo previsões
x_new = np.array([[0], [2]])
X_new_b = np.c_[np.ones((2, 1)), x_new]
y_predict = X_new_b.dot(theta_best)

# Plotando os dados e a linha de regressão
plt.figure(figsize=(10, 6))
plt.plot(x, y, "b.")
plt.plot(x_new, y_predict, "r-", linewidth=2)
plt.xlabel("$x_1$", fontsize=14)
plt.ylabel("$y$", rotation=0, fontsize=14)
plt.title("Regressão Linear Simples")
plt.show()
```

Fonte: Elaborada pelo autor.

Explicação do código

- Criamos dados que seguem aproximadamente uma linha com intercepto 4 e inclinação 3, adicionando algum ruído normal para tornar os dados mais realistas.
- Usamos a fórmula normal para calcular os coeficientes da regressão linear do intercepto e a inclinação da linha que melhor se ajusta aos dados.
- Calculamos y para dois valores de x, usando os parâmetros encontrados para desenhar a linha.
- Plotagem: mostramos os pontos de dados e a linha de regressão.

Figura 4.3: Python – saída

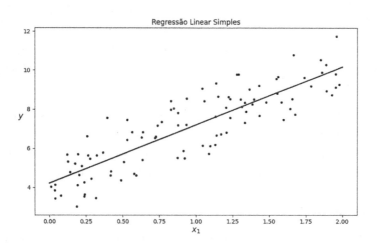

Fonte: Elaborada pelo autor.

Esse é um exemplo básico de utilização de *machine learning* sem utilizar conceitos de redes neurais e PLN, que veremos mais adiante, apenas para exemplificar seu uso.

Exemplo 2 - regressão linear

Analogia da escolha de bairro

Imagine que você está procurando um novo lugar para morar e está considerando vários bairros. Você não sabe muito sobre eles, mas tem informações sobre onde seus amigos moram e como eles classificam seus próprios bairros (por exemplo, seguro, inseguro, caro, barato etc.).

Quando encontra uma casa que parece adequada, em vez de fazer uma avaliação detalhada de cada aspecto do bairro, você simplesmente verifica os tipos de avaliações que seus amigos mais próximos (geograficamente) deram aos seus próprios bairros. Se a maioria que mora perto dessa nova casa diz que a área é segura, você tende a concluir que o bairro da nova casa também é seguro.

Nesse sentido, a nova casa que você está considerando representa o ponto de dados que você quer classificar. Seus amigos e suas avaliações representam o conjunto de treinamento, em que a localização dos amigos é semelhante às características dos pontos de dados e suas avaliações de bairro correspondem às etiquetas de classe.

A consulta aos amigos mais próximos é análoga a calcular as distâncias entre o ponto de dados de interesse e os pontos no conjunto de dados, e então considerar as "k" menores distâncias para fazer uma "votação" baseada em suas etiquetas de classe.

A decisão sobre a característica do novo bairro é feita com base na informação mais frequentemente observada entre os k vizinhos mais próximos. Esse método é simples e intuitivo, amparando-se na premissa de que pontos de dados que são próximos uns dos outros em termos de características tendem a ter etiquetas semelhantes.

O k-NN é baseado na ideia de que os pontos de dados que são similares entre si tendem a ter saídas ou rótulos similares. O algoritmo não constrói explicitamente um modelo interno, mas faz previsões diretamente com base no conjunto de dados de treinamento, o que o classifica como um método de aprendizado "baseado em instância" ou "preguiçoso".

Funcionamento do k-NN

Coleta de dados: o primeiro passo é ter um conjunto de dados de treinamento em que cada ponto de dados é etiquetado.
- Definição de similaridade: a similaridade entre pontos de dados é geralmente medida por meio de distâncias. A distância euclidiana é a mais comum, mas outras métricas também podem ser utilizadas dependendo do contexto (como Manhattan, Minkowski etc.).
- Número de vizinhos (k): escolher o valor de k é crucial. Ele determina quantos dos vizinhos mais próximos serão considerados para fazer uma previsão. Um valor muito pequeno pode tornar o algoritmo sensível a ruídos, enquanto um muito alto pode suavizar demais as características locais dos dados.
- Classificação: para prever a classe de um novo ponto, o k-NN localiza os k pontos mais próximos a esse novo ponto no conjunto de treinamento e a classe mais comum entre esses vizinhos é atribuída ao novo ponto.

- Regressão: para prever um valor numérico, o k-NN encontra os k vizinhos mais próximos e a saída é tipicamente a média ou a mediana dos valores desses vizinhos.
- Decisão: o resultado da votação majoritária (para classificação) ou da média/mediana (para regressão) é então atribuído ao novo ponto de dados como sua previsão.

Figura 4.4: Python - k-NN em Python

```python
import numpy as np
import matplotlib.pyplot as plt

def knn_classify(k, train_data, new_point):
    # Calcula as distâncias Euclidianas
    distances = np.sqrt(((train_data[:, :-1] - new_point) ** 2).sum(axis=1))
    # Encontra os índices dos k vizinhos mais próximos
    nearest_neighbors_indices = np.argsort(distances)[:k]
    # Retorna a classe mais comum entre os vizinhos
    from collections import Counter
    most_common = Counter(train_data[nearest_neighbors_indices, -1]).most_common(1)
    return most_common[0][0]

# Gerando dados de exemplo
np.random.seed(1)
class_0 = np.random.rand(50, 2) + np.array([0, -0.5])
class_1 = np.random.rand(50, 2) + np.array([1, 1])
train_data = np.vstack([np.c_[class_0, np.zeros(50)], np.c_[class_1, np.ones(50)]])
```

Fonte: Elaborada pelo autor.

Figura 4.5: Python

```python
# Novo ponto para classificação
new_point = np.array([0.5, 0.5])

# Classificação usando k-NN
predicted_class = knn_classify(3, train_data, new_point)

# Plotagem
plt.figure(figsize=(10, 6))
plt.scatter(train_data[:, 0], train_data[:, 1], c=train_data[:, 2], cmap='bwr', alpha=0.5)
plt.scatter(*new_point, color='green')  # Ponto novo
plt.title(f"Classificação k-NN do novo ponto, Classe Predita: {predicted_class}")
plt.xlabel("Feature 1")
plt.ylabel("Feature 2")
plt.show()
```

Fonte: Elaborada pelo autor.

Explicação do código

Geração de dados: criamos cem pontos distribuídos em duas classes distintas.

Função k-NN: a função knn_classify calcula as distâncias Euclidianas entre o novo ponto e todos os pontos no conjunto de dados, também seleciona os k vizinhos mais próximos e vota para decidir a classe do novo ponto.

Saída:

Figura 4.6: Python - saída

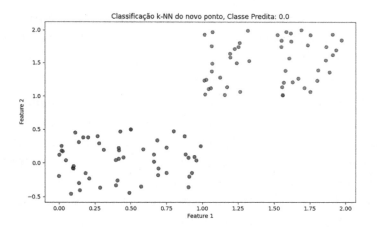

Fonte: Elaborada pelo autor.

Plotagem: mostramos os pontos de dados com cores diferentes para cada classe e o novo ponto em verde, destacando como o algoritmo o classificou.

4.4 Aprendizado supervisionado e não supervisionado

Aqui temos dois pilares fundamentais do *machine learning*, cada um com suas próprias técnicas, aplicações e desafios. Eles representam abordagens distintas para treinar modelos de inteligência artificial, adaptando-se a diferentes tipos de problemas e conjuntos de dados.

Aprendizado supervisionado

Imagine que você está ensinando uma criança a identificar e nomear diferentes animais. Você mostra a ela várias imagens, dizendo o nome de cada um. Com o tempo, a criança começa a associar cada imagem ao seu respectivo animal. Esse processo é análogo ao aprendizado supervisionado, no qual o "professor" (o conjunto de dados de treinamento) fornece exemplos com rótulos (respostas corretas) que guiam o aprendizado do modelo.

O aprendizado supervisionado é um dos métodos mais utilizados em *machine learning*. Nele, o algoritmo é treinado em um conjunto de dados que inclui as entradas e as saídas desejadas. O objetivo é que o modelo aprenda a mapear as entradas para as saídas, criando uma função que possa prever a saída correta para novas entradas após o treinamento. Esse processo é semelhante ao de um professor que supervisiona o aprendizado do aluno, fornecendo *feedback* correto até que ele possa realizar a tarefa de forma independente.

Dentro do aprendizado supervisionado, existem vários algoritmos populares, cada um com suas particularidades:

- Árvores de decisão: algoritmos que criam modelos baseados em uma série de decisões lógicas, semelhantes a um fluxograma.

- Redes neurais: sistemas inspirados pelo cérebro humano que são capazes de reconhecer padrões complexos usando camadas de neurônios.
- Máquinas de vetores de suporte (SVM): algoritmos que identificam a melhor fronteira de decisão entre diferentes classes de dados.

Além disso, ele pode ser aplicado em uma série de ocasiões, como, por exemplo, em reconhecimento de imagens, em sistemas de segurança que identificam rostos ou *softwares* que detectam sinais de trânsito, além de algoritmos que analisam tendências de mercado para prever ações ou índices, diagnósticos médicos e modelos que interpretam exames médicos para auxiliar na identificação de doenças. Entre outros casos em que cada uma dessas aplicações utiliza o aprendizado supervisionado para transformar dados históricos em *insights* preditivos, permitindo decisões mais rápidas e informadas.

Aprendizado não supervisionado

Por outro lado, imagine que você deu à criança uma grande caixa de brinquedos e pediu que ela os organizasse sem dar instruções específicas sobre como fazê-lo. A criança pode decidir agrupar os brinquedos por cor, tamanho ou tipo. Esse cenário é semelhante ao aprendizado não supervisionado, em que o modelo tenta entender e organizar os dados por conta própria, sem rótulos pré-definidos.

Ele é usado quando não temos dados etiquetados para orientar o processo de treinamento do modelo. Nesse método, o algoritmo tenta aprender a estrutura dos dados sem qualquer intervenção ou direção externa, identificando padrões e correlações por conta própria. O objetivo é descobrir a estrutura subjacente ou a distribuição nos dados para aprender mais sobre os dados.

Alguns dos algoritmos mais utilizados no aprendizado não supervisionado incluem:

- *K-means*: um método popular de agrupamento que divide os dados em k grupos distintos com base na proximidade aos centros de *cluster*.
- Análise de componentes principais (PCA): uma técnica que reduz a dimensionalidade dos dados, preservando o máximo possível da variação para facilitar a análise.
- Agrupamento hierárquico: uma abordagem que constrói um dendrograma dos dados, mostrando como cada grupo está relacionado em termos de similaridade.

Esse aprendizado é particularmente útil em áreas em que a categorização ou etiquetagem dos dados é difícil ou impraticável:

- Segmentação de mercado: compreender os diferentes tipos de clientes e suas preferências para campanhas de *marketing* mais direcionadas.
- Análise de redes sociais: identificar comunidades ou grupos dentro de grandes redes sociais.
- Detecção de anomalias: localizar comportamentos ou itens anormais, como fraudes em transações bancárias ou defeitos em processos de fabricação.

Comparativos

A escolha entre aprendizado supervisionado e não supervisionado depende largamente do tipo de dados disponíveis e do objetivo específico do projeto. Aqui, vamos destacar as principais características de cada um para facilitar essa decisão.

Diferenças-chave

Dados necessários: o aprendizado supervisionado requer um conjunto de dados com entradas e saídas etiquetadas, enquanto o não supervisionado trabalha com dados não etiquetados, explorando a estrutura intrínseca dos dados.

Complexidade do problema: o supervisionado é geralmente aplicado a problemas mais definidos e direcionados, como classificação e regressão, em que as saídas são conhecidas. O não supervisionado é útil para explorar dados e descobrir padrões ou agrupamentos sem preconceitos prévios.

Feedback de desempenho: em aprendizado supervisionado, o desempenho do modelo pode ser claramente avaliado comparando as previsões com as verdadeiras etiquetas. No não supervisionado, a avaliação é mais subjetiva e baseia-se em quão bem o modelo revela estruturas interessantes ou úteis nos dados.

Vantagens e desvantagens do aprendizado supervisionado:

- Vantagens: alta precisão e confiabilidade nas previsões quando os dados de treinamento são abrangentes e bem etiquetados.
- Desvantagens: dependência de grandes quantidades de dados etiquetados, que podem ser caros ou difíceis de obter. Também pode não generalizar bem se os dados de treinamento não forem representativos.

Vantagens e desvantagens do não supervisionado:

- Vantagens: flexibilidade para explorar dados e descobrir padrões sem a necessidade de etiquetas, o que é útil em dados os quais pouco é conhecido sobre os resultados esperados.
- Desvantagens: pode ser desafiador interpretar os resultados, e a falta de etiquetas claras pode tornar os modelos menos precisos em tarefas específicas.

Quando usar cada um

Use o aprendizado supervisionado quando você tiver acesso a dados limpos e bem etiquetados e quando o objetivo for prever ou classificar resultados com base em evidências históricas.

O não supervisionado pode ser usado para explorar estruturas de dados desconhecidas, identificar agrupamentos ou padrões, ou quando os dados etiquetados são escassos ou inexistentes.

Desafios

Os dois aprendizados apresentam desafios únicos, que são importantes entender para otimizar a eficácia dessas técnicas e antecipar como elas podem evoluir no futuro.

No supervisionado, um dos maiores desafios é garantir que os dados de treinamento não sejam tendenciosos, pois isso pode levar a modelos que perpetuam ou ampliam preconceitos existentes. Outro problema comum é o *overfitting*, no qual o modelo se ajusta demais aos dados de treinamento e falha em generalizar para novos dados. Isso pode reduzir a utilidade do modelo em situações reais.

Já no não supervisionado, a falta de etiquetas nos dados pode tornar difícil a interpretação os resultados dos algoritmos de agrupamento ou redução de dimensionalidade, requerendo mais análise e supervisão humana. Sem contar que determinar quais características dos dados são importantes para análise é mais desafiador quando não há orientação clara do que se busca neles.

4.5 Otimização e avaliação de modelos de ML

Desenvolver um modelo inicial é apenas o começo. O verdadeiro desafio está em otimizá-lo e avaliá-lo para garantir que ele não apenas funcione bem com os dados de treinamento, mas também se generalize adequadamente para novos dados. A otimização e avaliação de modelos de ML são essenciais para transformar um projeto teórico em uma ferramenta prática e eficaz. Isso envolve ajustar os parâmetros e a estrutura do modelo para melhorar seu desempenho, enquanto avaliá-lo significa verificar sua eficácia em condições variadas, assegurando que as soluções propostas sejam robustas e confiáveis.

Otimizar um modelo de *machine learning* é um processo essencial para melhorar sua precisão e eficiência. Pode-se pensar na otimização como o processo de ajustar a receita de um bolo até que ele saia perfeito. Inicialmente, você pode ter uma receita básica, mas, experimentando, talvez adicionando um pouco mais de fermento ou menos açúcar, consegue ajustar os ingredientes e as condições de cozimento para alcançar o bolo ideal.

Nesse contexto, a otimização frequentemente envolve ajustar os hiperparâmetros do modelo, que são aqueles que não são aprendidos diretamente do treinamento, mas que influenciam o comportamento do algoritmo de aprendizagem.

Métodos comuns de otimização incluem:

- Gradiente descendente: este é o mais comum para otimizar algoritmos de *machine learning*, especialmente em modelos de aprendizado profundo. O gradiente descendente ajusta os parâmetros do modelo de maneira iterativa, visando minimizar a função de custo, que é uma medida de quão errado o modelo está em relação aos dados de treinamento.
- Busca de hiperparâmetros: ferramentas como *grid search* e *random search* ajudam a experimentar e avaliar sistematicamente combinações de hiperparâmetros para encontrar a configuração que produz os melhores resultados no conjunto de validação.
- Regularização: métodos como LASSO e *ridge* são usados para simplificar modelos complicados e evitar o *overfitting*. Eles funcionam adicionando um termo de penalidade à função de custo, forçando o modelo a manter os pesos dos parâmetros pequenos e, portanto, mais generalizáveis.

Cada uma dessas técnicas ajuda a refinar o modelo, assegurando que ele não apenas se ajuste aos dados de treinamento, mas também execute adequadamente em dados não vistos, evitando problemas como *overfitting*, o qual o modelo é tão ajustado aos dados de treinamento que falha em generalizar para novos dados.

Avaliar um modelo de *machine learning* é como revisar um carro antes de uma longa viagem: é essencial garantir que tudo esteja funcionando corretamente. A avaliação é feita para garantir que o modelo é robusto, confiável e pronto para enfrentar dados reais. Métodos comuns de avaliação incluem:

- Precisão e *recall*: estas são métricas fundamentais para avaliar modelos de classificação. A precisão mede a proporção de identificações positivas que foram realmente corretas, enquanto o *recall* mede a proporção de casos positivos reais que foram identificados corretamente.
- AUC-ROC: a área sob a curva ROC (*receiver operating characteristic*) é uma métrica usada para avaliar a qualidade das previsões de um modelo, independentemente do ponto de corte de classificação. É especialmente útil quando as classes são muito desbalanceadas.
- Matriz de confusão: uma tabela que permite a visualização do desempenho de um algoritmo de classificação, mostrando quando ele confunde uma classe com outra, o que é crucial para entender os tipos de erros que o modelo está cometendo.

Mesmo após um modelo ser otimizado e avaliado inicialmente, o ajuste fino e os testes contínuos são essenciais para manter sua relevância e eficácia. À medida que novos dados são coletados, o ambiente em que o modelo opera pode mudar, fazendo com que seu desempenho decaia. Ajustar continuamente o modelo para refletir novos dados e contextos garante que ele permaneça eficaz e relevante. Além disso, testes regulares após a implantação ajudam a identificar problemas que só aparecem quando o modelo é testado contra dados do mundo real, fora das condições controladas dos dados de treinamento.

CAPÍTULO 5:
REDES NEURAIS ARTIFICIAIS

5.1 Arquiteturas de redes neurais profundas

As redes neurais artificiais (RNAs) são sistemas de computação que imitam como os neurônios do cérebro humano trabalham e se conectam entre si. Esses sistemas são usados para entender como as redes de neurônios reais funcionam.

O cérebro humano é incrível em processar informações, como reconhecer vozes ou dividir imagens em partes compreensíveis. Estudar as RNAs nos ajuda a tentar copiar essas habilidades em computadores, o que tem mostrado resultados promissores, mesmo que ainda não entendamos completamente o cérebro humano.

Figura 5.1: Relação redes neurais biológica e digital

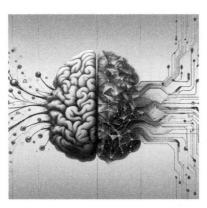

Fonte: gerado em OpenAI, 2024.

Uma RNA é composta por neurônios artificiais que funcionam de maneira parecida com os neurônios biológicos. Elas podem ser implementadas tanto em *hardware*, usando componentes eletrônicos para realizar tarefas específicas, quanto em *software*, por meio de simulações feitas em computadores.

Essas redes são capazes de aprender e armazenar informações por meio de experiências. Isso é feito usando algoritmos que ajustam os "pesos" das conexões na rede para obter os resultados desejados. Com base em dados de treinamento, que são exemplos de entradas e saídas esperadas, as redes neurais aprendem a generalizar e a responder corretamente a novas situações que não estavam no conjunto inicial de dados.

Isso é possível porque a rede é uma versão simplificada de uma rede de neurônios reais, o que permite resolver problemas como o reconhecimento de padrões de maneira eficaz.

As redes neurais artificiais têm várias características importantes:

- Robustez e tolerância a falhas: mesmo perdendo alguns neurônios, a rede continua funcionando bem.
- Flexibilidade: pode se adaptar a novos ambientes, aprendendo com novas informações.
- Capacidade de lidar com informações incertas: mesmo que os dados estejam incompletos ou com ruídos, a rede pode formar raciocínios corretos.
- Paralelismo: muitos neurônios podem operar ao mesmo tempo, diferentemente de um processador, que precisa organizar uma instrução de cada vez.

Além disso, usar uma RNA traz benefícios como:

- Realizar mapeamentos complexos entre dados de entrada e saída.
- Adaptabilidade, melhorando com o tempo por meio do aprendizado;
- Tolerância a falhas, mantendo a *performance* mesmo com alguns erros;
- Consistência na análise e no *design* dos projetos;
- Semelhança com processos neurobiológicos.

Essas características tornam as RNAs ferramentas poderosas e versáteis para uma variedade de aplicações tecnológicas.

Neurônios biológicos

A compreensão do cérebro humano avançou bastante graças ao trabalho pioneiro de Ramón y Cajal em 1911, que propôs que os neurônios são os componentes fundamentais do cérebro. Embora os neurônios biológicos sejam muito mais lentos que os circuitos de silício usados em computadores, o cérebro compensa essa lentidão com uma quantidade enorme de neurônios e conexões entre eles.

Estima-se que existam cerca de 10 bilhões de neurônios no córtex humano, com aproximadamente 60 trilhões de sinapses – que são as conexões entre os neurônios. O cérebro, com sua rede complexa de neurônios, é capaz de armazenar informações e tomar decisões baseadas nessas informações.

Um neurônio típico consiste em um corpo celular, chamado de soma, um axônio, que é um tubo longo e fino, e várias ramificações denominados dendritos. Os dendritos criam uma rede de finíssimos filamentos ao redor do neurônio, recebendo informações de outros neurônios. O axônio transmite essas informações e, no seu final, se divide em ramos que terminam em pequenos bulbos quase tocando os dendritos de outros neurônios. O pequeno espaço entre o bulbo e o dendrito é chamado de sinapse, que é crucial para a memória e transmissão de informações no cérebro.

Figura 5.2: Neurônio biológico

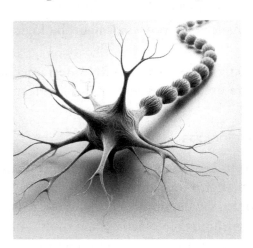

Fonte: gerado em OpenAI, 2024.

Modelo artificial do neurônio

Em redes neurais, a unidade básica de processamento é o neurônio artificial, que imita o funcionamento do biológico. O artificial tem várias entradas, semelhantes às conexões sinápticas de um neurônio real, e uma saída. O valor desta é determinado pela soma das contribuições das saídas de outros neurônios a ele conectados, com cada contribuição sendo ajustada por um peso específico.

O modelo artificial do neurônio é uma adaptação do original proposto por McCulloch e Pitts. Ele inclui um componente chamado *bias*, que pode aumentar ou reduzir a chance de o neurônio ser ativado. Os pesos (ω) são responsáveis por amplificar os sinais recebidos, enquanto a função de ativação (f) define como o neurônio responde a esses sinais, controlando a saída final da rede neural.

Existem três principais tipos de funções de ativação: limiar, na qual o neurônio só é ativado se o sinal recebido for forte o suficiente; linear, que permite uma resposta proporcional ao sinal; e sigmoidee, que modula a ativação de forma mais gradual e suave. A escolha da função de ativação depende das necessidades específicas da aplicação da rede neural.

Figura 5.3: Comparativo - neurônio biológico com neurônio artificial

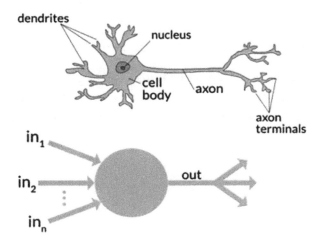

Fonte: Accurate, 2021.

Arquitetura da rede neural

A configuração de uma rede neural pode variar muito dependendo do que precisamos que ela faça. Essa configuração está diretamente relacionada ao método de aprendizagem usado para treinar a rede. Os principais componentes de uma rede neural, que podem ser ajustados, incluem:

- Camadas intermediárias.
- Quantidade de neurônios.
- Função de transferência.

Algoritmo de aprendizado

A estrutura dos neurônios em uma rede neural está intimamente ligada ao método de aprendizagem escolhido para treinar essa rede. Existem basicamente três tipos principais de arquiteturas de redes neurais:

Redes alimentadas adiante com camada única

Nesse tipo de rede, os neurônios estão organizados em camadas. O termo "camada única" refere-se à camada de saída, em que as decisões são tomadas com base nas informações processadas.

Figura 5.4: Redes alimentadas adiante com camada única

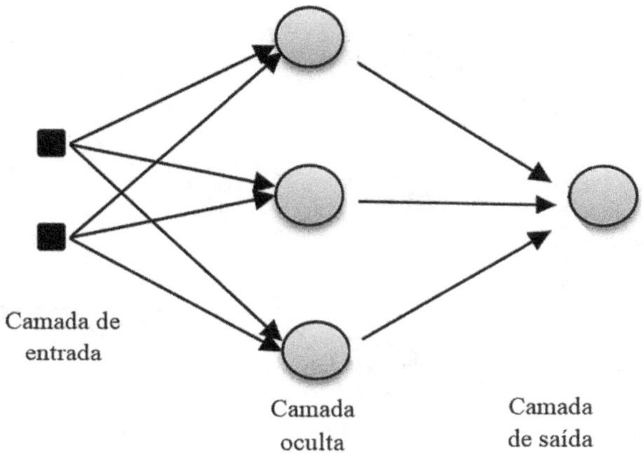

Camada de entrada
Camada oculta
Camada de saída

Fonte: Elaborada pelo autor.

Redes alimentadas diretamente com múltiplas camadas

Essa arquitetura difere da anterior por ter uma ou mais camadas ocultas além da de entrada e saída. Os neurônios nessas camadas ocultas ajudam a processar as informações de maneiras mais complexas, permitindo que a rede entenda padrões mais sofisticados.

Figura 5.5: Redes alimentadas adiante com camada múltipla

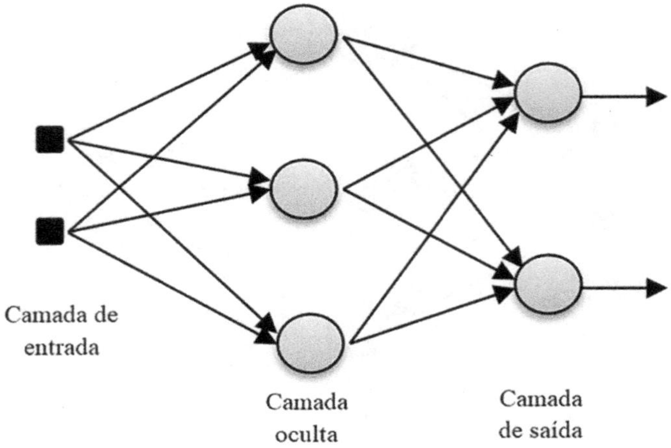

Fonte: Elaborada pelo autor.

Redes recorrentes

As redes recorrentes são diferentes das redes alimentadas adiante porque têm laços de realimentação, o que significa que a saída da rede pode influenciar suas próprias entradas em momentos subsequentes. Isso é útil para tarefas nas quais o contexto anterior é importante, como no processamento de linguagem natural.

Aprendizado

O aprendizado em redes neurais pode ser supervisionado ou não supervisionado. No primeiro, temos um "instrutor", que ajusta os pesos entre os neurônios para reduzir a diferença entre as saídas produzidas pela rede e as saídas desejadas. Isso é feito para que a rede aprenda a realizar a tarefa corretamente. Já no segundo, a rede tenta identificar padrões nos dados por conta própria sem saídas prédeterminadas. A rede ajusta-se de acordo com as regularidades estatísticas dos dados de entrada, formando categorias e otimizando seu desempenho sem uma tarefa específica em mente. Essas diferentes arquiteturas e métodos de aprendizado tornam as redes neurais ferramentas poderosas e versáteis para uma variedade de aplicações.

Regra de aprendizado por retropropagação (*backpropagation*)

O algoritmo de *backpropagation* é uma técnica usada para treinar redes neurais, minimizando a diferença entre as saídas que a rede produz e as saídas que desejamos obter, ou seja, tenta reduzir os erros. Esse processo ajusta os pesos entre as camadas da rede ao propagar o erro detectado de volta através da rede, camada por camada.

Esse método é uma forma de treinamento supervisionado, o que significa que a rede é ajustada baseando-se no erro que ela produz. Inicialmente, durante a fase de propagação, os pesos da rede são fixos, e a informação é processada camada por camada. Quando a saída é gerada, ela é comparada com a saída desejada, gerando um sinal de erro para cada saída.

Esse sinal de erro é então enviado de volta, ou seja, retropropagado, da camada de saída para as anteriores. Cada neurônio nas camadas intermediárias recebe uma parte do sinal, que é proporcional à sua contribuição no erro observado na saída final. Esse processo continua até que cada neurônio tenha recebido uma indicação do seu impacto no erro total.

Com base no erro recebido, os pesos são ajustados para cada neurônio, de forma a reduzir o erro na próxima vez que a rede processar informações. Esse processo de ajuste e correção continua até que a rede neural produza resultados muito próximos ao desejado, aprimorando sua precisão ao longo do tempo.

Como mencionado anteriormente, para entender como funcionam as redes neurais, podemos compará-las ao cérebro humano. Este é composto de neurônios interconectados que recebem e transmitem sinais por meio de sinapses. Da mesma forma, uma rede neural artificial consiste em neurônios (nós) que são conectados por sinapses (pesos). Assim como nosso cérebro aprende com experiências, uma rede neural ajusta os pesos de suas conexões para melhorar seu desempenho em tarefas específicas, como reconhecer objetos em imagens ou traduzir textos.

As redes neurais não são uma inovação recente. Elas remontam ao *perceptron* de Frank Rosenblatt, criado nos anos 1950, que já utilizava princípios básicos de redes neurais para classificação simples. No entanto, foi apenas com o advento de poder computacional mais robusto e o desenvolvimento de algoritmos eficientes de treinamento nas últimas décadas que as redes neurais ganharam a popularidade e a eficácia que têm hoje.

5.2 Matemática e redes neurais

Uma rede neural é composta de várias camadas de neurônios, que são unidades básicas de processamento. Cada neurônio em uma camada está conectado a vários outros na subsequente por meio de conexões chamadas de pesos, que são ajustáveis e determinam a importância de uma entrada para a saída do neurônio.

Para visualizar, pense em cada neurônio como uma estação de correio que recebe várias cartas (entradas). O neurônio soma o conteúdo delas, ajusta com base em uma "taxa de importância" (pesos), e, se o total exceder certo limiar, ele envia uma nova carta para a próxima estação. Esse processo é conhecido como propagação para frente (*forward propagation*).

As funções de ativação são fundamentais para adicionar não linearidades aos modelos, permitindo que as redes neurais aprendam e realizem tarefas complexas. Exemplos comuns incluem a função sigmoidee, ReLU (*rectified linear unit*) e a tangente hiperbólica. Cada uma tem características específicas que as tornam adequadas para diferentes tipos de redes e problemas.

Quando uma entrada é fornecida à rede, ela é processada através das camadas em uma operação conhecida como *forward propagation*. Aqui, os dados de entrada são combinados com os pesos, processados pelas funções de ativação em cada neurônio, e passados para a próxima camada até que a saída seja produzida

$$a^{[l+1]} = g\left(W^{[l]}a^{[l]} + b^{[l]}\right)$$

- A^[l+1] é a ativação da camada l + 1
- W^[l] e b^[l] são os pesos e *bias* da camada l
- G é uma função de ativação (como ReLU ou sigmoide).

Como visto anteriormente o verdadeiro "aprendizado" em redes neurais acontece durante o *backpropagation*. Após cada *forward propagation*, a rede compara a saída com a resposta esperada e calcula o erro. O *backpropagation* é então usado para minimizar esse erro, ajustando os pesos dos neurônios. Isso é feito por meio do algoritmo de descida do gradiente, que efetivamente "afina" os pesos para reduzir o erro gradativamente.

Função Sigmoids

A função sigmoide transforma qualquer número real z em um valor entre 0 e 1. Ela é definida pela seguinte equação matemática:

$$\sigma(z) = \frac{1}{1+e^{-z}}$$

Em que:

- E é a base do logaritmo natural, aproximadamente igual a 2.71828.
- Z pode ser qualquer número real.

Aplicações

A função sigmoide é frequentemente usada em:

- Camadas de saída: em redes neurais para classificação binária, a função sigmoide pode ser usada na camada de saída para prever a probabilidade de que a entrada pertença a uma das duas classes (0 ou 1).
- Transformação de valores: em qualquer contexto em que valores precisem ser normalizados para o intervalo de 0 a 1, mantendo ainda uma representação proporcional do valor original.

Essa propriedade de normalização da função sigmoide a torna particularmente útil para modelar probabilidades em classificação binária, pois ela não apenas mapeia os valores para o intervalo desejado, mas sua forma funcional (curva em forma de S) é ideal para diferenciar claramente as saídas em torno de um "limite de decisão".

Função TanH

A função TanH é definida matematicamente como:

$$tanh(z) = \frac{e^z - e^{-z}}{e^z - e^{-z}}$$

Em que:

- E é a base do logaritmo natural.

Ao contrário da função sigmoide, que mapeia os números reais para o intervalo (0,1), a TanH mapeia os números reais para o (-1,1). Isso pode ser vantajoso porque a saída média dos neurônios tende a ser mais próxima de zero, o que muitas vezes ajuda na convergência do algoritmo de aprendizado durante o treinamento.

A derivada da função TanH é expressa como:

$$tanh'(z) = 1 - tanh^2(z)$$

Essa derivada mostra que, assim como a sigmoide, a TanH tem uma derivada simples, que é útil para o algoritmo de *backpropagation* em redes neurais.

- Camadas ocultas: TanH é frequentemente usada nas camadas ocultas de redes neurais por suas propriedades zero-centradas. Especialmente em casos em que a normalização dos dados também segue um padrão zero-centrado, o uso da TanH pode levar a uma aprendizagem mais eficiente.
- Modelagem de dados: em situações em que os dados ou o resultado esperado variam dentro de um intervalo simétrico em torno de zero, a função TanH é naturalmente adequada.

Considerando um conjunto de dados no qual as entradas são normalizadas para ter média zero e desvio padrão unitário, essa função pode ajudar a manter a distribuição dos valores de ativação das camadas ocultas, facilitando o ajuste dos pesos sem grandes desvios nos gradientes.

Função ReLU

A função ReLU é definida matematicamente da seguinte forma:

$$ReLU(z) = \max(0, z)$$

Em que z é o *input* para o neurônio. Essencialmente, a função ReLU retorna zero se z for negativo e retorna o próprio z se z for positivo.

Embora pareça uma função linear, ReLU é, na verdade, uma função não linear, o que significa que pode ajudar a rede a aprender transformações não lineares complexas dos dados. Uma das vantagens da ReLU é sua simplicidade computacional, pois comparar um número com zero e escolher o maior valor é computacionalmente mais barato do que calcular operações como exponenciação e divisão, que são necessárias para sigmoide e TanH.

A ReLU pode acelerar a convergência da descida do gradiente em comparação com as funções de ativação sigmoide e TanH, devido à sua linearidade característica. Isso é parte do motivo pelo qual é amplamente utilizada em redes convolucionais profundas.

As redes neurais que usam sigmoide ou TanH podem sofrer de gradientes que se tornam muito pequenos (efetivamente desaparecem) à medida que a profundidade da rede aumenta, o que dificulta a atualização dos pesos durante o treinamento.

Como a parte positiva da ReLU é linear, ela não tem esse problema, permitindo que modelos com muitas camadas aprendam eficientemente.

Uma desvantagem potencial da ReLU é que, durante o treinamento, alguns neurônios podem efetivamente "morrer", o que significa que eles param de emitir qualquer coisa diferente de zero. Isso pode ocorrer se um gradiente grande flui através de um neurônio ReLU, atualizando os pesos de tal forma que ele nunca será ativado em qualquer ponto de dado novamente. Isso é conhecido como "morrendo ReLU" e pode reduzir a capacidade de aprendizado do modelo.

A figura a seguir mostra as funções aqui comentadas apresentadas em Python.

Figura 5.6: Código Python

```python
import numpy as np

# Função de ativação Sigmoid
def sigmoid(z):
    return 1 / (1 + np.exp(-z))

# Função de ativação Tanh
def tanh(z):
    return np.tanh(z)

# Função de ativação ReLU
def relu(z):
    return np.maximum(0, z)

# Testando as funções com um array de valores
z = np.array([-2, -1, 0, 1, 2])

print("Sigmoid:", sigmoid(z))
print("Tanh:", tanh(z))
print("ReLU:", relu(z))
```

Fonte: Elaborada pelo autor.

Como funciona o código

Importação do NumPy: o código começa importando a biblioteca NumPy, que é fundamental para operações matemáticas e manipulação de *arrays* em Python.

Definição das funções:

- Sigmoide: calcula o valor da função sigmoide, que é útil para problemas de classificação binária.
- TanH: calcula o valor da função TanH, boa para camadas ocultas em redes neurais devido à sua natureza zero-centrada.
- ReLU: implementa a função ReLU, a mais utilizada em redes neurais convolucionais devido à sua eficiência em lidar com o problema de desaparecimento do gradiente.
- Teste das funções: o código cria um *array* de valores de teste z e aplica cada uma das funções de ativação. Os resultados são impressos no console.

O próximo exemplo simplificado ilustra como uma única iteração de *forward* e *backpropagation* poderia ser implementada em Python para ajustar os pesos de uma rede neural com base em seu erro.

Figura 5.7: Python

```
import nump   as np
          y
def sigmoid(x):
    return 1 / (1 + np.exp(-x))

def deriv_sigmoi (x):
    deturn sigmoid(x) * (1 - sigmoid(x))

# Peso inicial aleatório
weight = np.random.normal()

# Taxa de aprendizad
âearning_rat  = 0.1
e
# Dado de entrada e saída esperad
ânput_dat  = np.arra ([0.5])
expected_outpu  y np.arra ([1])
t              y
# Forward propagatio
predicted_output = sigmoid(np.dot(input_dat , weight))
                                  a
# Cálculo do erro
erro  = expected_outpu  - predicted_output
r            t
# Backpropagation
weight_gradien  = np.dot(input_dat .T, erro  * deriv_sigmoi (predicted_output))
teight += learning_rat  *aweight_gradien       d
            e              t
```

Fonte: Elaborada pelo autor.

5.3 Arquitetura de redes naturais profundas

As arquiteturas de redes neurais profundas variam significativamente, cada uma projetada para tarefas específicas que requerem diferentes abordagens e técnicas. Vamos apresentar as mais comuns e influentes:

Redes densamente conectadas (fully connected networks)

Essas são as formas mais básicas de redes neurais, em que cada neurônio em uma camada está conectado a todos os neurônios na camada seguinte. São amplamente usadas para tarefas de classificação e regressão simples, as relações entre os dados de entrada e saída são diretas e não dependem de padrões espaciais ou temporais.

Redes neurais convolucionais (*convolutional neural networks* - CNNs)

Desenvolvidas principalmente para processamento de imagens, as CNNs utilizam camadas convolucionais que aplicam filtros aos dados de entrada, capturando características espaciais e hierárquicas. Exemplos de arquiteturas famosas incluem AlexNet, VGG e ResNet, que têm sido fundamentais em avanços em visão computacional.

Redes neurais recorrentes (*recurrent neural networks* - RNNs)

Especializadas no processamento de sequências, como texto ou séries temporais, as RNNs têm a capacidade de manter um "estado" ou memória dos *inputs* anteriores enquanto processam novos dados. Variações como LSTM (*long short-term memory*) e GRU (*gated recurrent units*) são projetadas para superar os desafios de dependência de longo prazo e desvanecimento do gradiente, comuns em RNNs simples.

A escolha da arquitetura depende profundamente do problema específico. Por exemplo, enquanto CNNs são ideais para tarefas que envolvem imagens ou vídeos, as RNNs são mais adequadas para linguagem natural ou dados sequenciais.

Exemplo prático em Python

Vamos considerar um exemplo simplificado de uma rede CNN usando TensorFlow e Keras, popularmente utilizada para classificação de imagens:

Figura 5.8: Código Python

```python
from tensorflow.keras.models import Sequential
from tensorflow.keras.layers import Conv2D, MaxPooling2D, Flatten, Dense

# Definindo o modelo
model = Sequential([
    Conv2D(32, (3, 3), activation='relu', input_shape=(28, 28, 1)),
    MaxPooling2D(2, 2),
    Flatten(),
    Dense(128, activation='relu'),
    Dense(10, activation='softmax')
])

# Compilando o modelo
model.compile(optimizer='adam', loss='sparse_categorical_crossentropy',
metrics=['accuracy'])

# Resumo do modelo
model.summary()
```

Layer (type)	Output Shape	Param #
conv2d (Conv2D)	(None, 26, 26, 32)	320
max_pooling2d (MaxPooling2D)	(None, 13, 13, 32)	0
flatten (Flatten)	(None, 5408)	0
dense (Dense)	(None, 128)	692,352
dense_1 (Dense)	(None, 10)	1,290

Fonte: Elaborada pelo autor.

O código acima define uma pequena CNN para classificação de imagens com dez classes, como dígitos em imagens de baixa resolução.

5.4 Técnicas de treinamento avançadas

Transfer learning é uma técnica poderosa que permite que um modelo desenvolvido para uma tarefa seja reutilizado como ponto de partida para outra relacionada. Essa abordagem é especialmente útil quando temos uma quantidade limitada de dados para treinar um modelo para uma nova tarefa, assim ela aproveita o conhecimento adquirido em conjuntos de dados grandes e bem estabelecidos.

Pense no *transfer learning* como aprender a fazer bolos depois de já ser experiente em fazer pães. Embora bolos e pães tenham diferenças, muitas das habilidades e técnicas aprendidas na panificação podem ser aplicadas à confeitaria, permitindo que você se adapte mais rapidamente.

A seguir, um exemplo simples de como usar uma rede pré-treinada, como a VGG16, para um novo conjunto de dados com ajustes mínimos.

Figura 5.9: Código Python

```
from tensorflow.keras.applications import VGG16
from tensorflow.keras.models import Model
from tensorflow.keras.layers import Dense,
 GlobalAveragePooling2D

# Carregar a base do modelo VGG16 pré-treinado sem as camadas
superiores
base_model = VGG16(weights='imagenet', include_top=False)

# Adicionar novas camadas superiores para a nova tarefa
x = base_model.output
x = GlobalAveragePooling2D()(x)
x = Dense(1024, activation='relu')(x)
predictions = Dense(10, activation='softmax')(x)

# Definir o novo modelo
model = Model(inputs=base_model.input, outputs=predictions)

# Congelar as camadas do modelo base para não serem treinadas
for layer in base_model.layers:
    layer.trainable = False

# Compilar o modelo
model.compile(optimizer='adam', loss=
'sparse_categorical_crossentropy', metrics=['accuracy'])
```

Fonte: Elaborada pelo autor.

Esse exemplo demonstra como adaptar e reutilizar um modelo complexo para uma nova tarefa com apenas algumas alterações, reduzindo significativamente o tempo e os recursos necessários para o treinamento.

Fine-tuning

Fine-tuning é um processo em que ajustes são feitos nas camadas de um modelo pré-treinado para personalizá-lo mais finamente à tarefa específica em questão. Isso geralmente é feito após o *transfer learning*, em que as camadas iniciais são mantidas congeladas, e apenas as superiores são treinadas para a nova tarefa.

Figura 5.10: Processo de *fine-tuning*

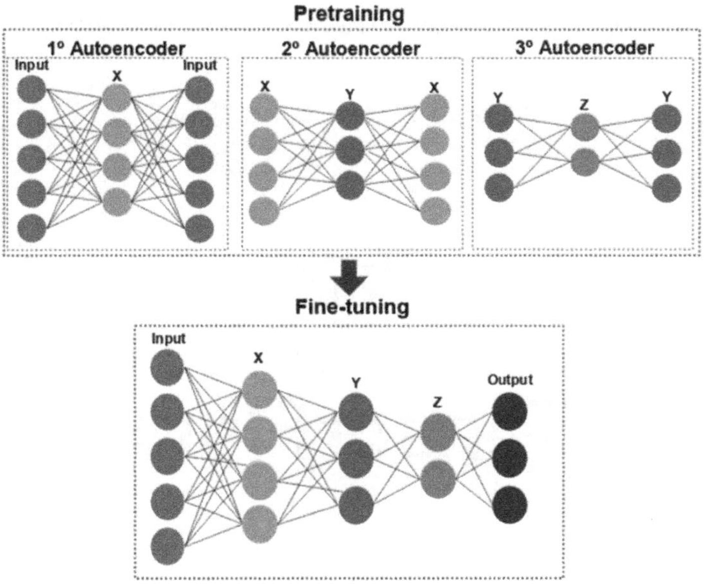

Fonte: Accurate, 2021.

Dependendo da tarefa, você pode escolher descongelar e treinar algumas das camadas mais profundas do modelo junto àquelas totalmente conectadas adicionadas, para permitir que o modelo se ajuste melhor aos dados específicos. No entanto, usar uma taxa de aprendizado menor durante o *fine-tuning* pode ajudar a evitar a destruição do aprendizado que o modelo já realizou.

5.5 TensorFlow

TensorFlow é uma das bibliotecas de código aberto mais influentes no campo da inteligência artificial (IA), particularmente em aprendizado de máquina e redes neurais profundas. Desenvolvido originalmente pela equipe do Google Brain, o TensorFlow não só democratizou o acesso às ferramentas de IA, mas também revolucionou a maneira como algoritmos de aprendizado profundo são implementados e escalados.

Figura 5.11: Logo TensorFlow

Fonte: TensorFlow

Lançado em 2015, o TensorFlow nasceu do projeto interno do Google conhecido como DistBelief, que já era uma *framework* robusta para treinamento de redes neurais. No entanto, o DistBelief foi considerado limitado em termos de flexibilidade e escalabilidade. Além disso, a biblioteca foi projetada para ser extremamente flexível, permitindo aos usuários criar experimentos complexos em aprendizado de máquinas com uma API mais intuitiva e abrangente. O nome do projeto deriva do próprio conceito de tensores, que são *arrays* multidimensionais utilizados em todas as operações dentro da biblioteca.

Uma das razões do sucesso do TensorFlow é sua integração com o Python, a linguagem de programação mais popular no campo da ciência de dados e inteligência artificial. O Python é conhecido por sua sintaxe simples e por um rico ecossistema de bibliotecas, o que faz com que o TensorFlow seja acessível para iniciantes, ao mesmo tempo que oferece poderosas ferramentas para especialistas. A API entre essas duas bibliotecas permite que desenvolvedores e pesquisadores prototipem rapidamente novos modelos de IA, experimentem e os coloquem em produção sem sair do ambiente Python.

Sendo assim, o TensorFlow tornou-se essencial para muitos dos avanços recentes em IA. Suas capacidades de processamento distribuído permitem que pesquisadores e desenvolvedores treinem modelos complexos de aprendizado profundo mais rapidamente, usando *hardware* como GPUs e TPUs (unidades de processamento tensorial). Isso é crucial em um campo que exige cada vez mais poder computacional, como o treinamento de grandes modelos de linguagem ou sistemas de reconhecimento de imagem.

Seu uso é extremamente amplo, podendo ser utilizado em aplicações de visão computacional, desde a classificação de imagens até o reconhecimento facial avançado em tempo real.

Modelos como BERT, que são fundamentais para entender a linguagem humana, são frequentemente treinados e implementados usando o TensorFlow, facilitando tarefas como tradução automática e análise de sentimentos. Setores como finanças e saúde utilizam o TensorFlow para prever tendências de mercado e diagnosticar doenças com maior precisão e velocidade, respectivamente.

CAPÍTULO 6:
LINGUAGEM NATURAL

6.1 Processamento de linguagem natural - PLN

O processamento de linguagem natural, ou PLN, é uma fascinante subárea da inteligência artificial que foca a interação entre computadores e humanos por meio da linguagem natural. A capacidade de entender a linguagem natural é uma das características mais distintivas e desafiadoras da inteligência artificial, refletindo o profundo entrelaçamento entre linguagem e inteligência humana. Nesse sentido, o PLN procura não apenas compreender e interpretar o texto e a fala humana, mas também possibilitar que os computadores respondam de maneira inteligente e útil.

Figura 6.1: *Chatbot*

Fonte: gerado em OpenAI, 2024.

A importância do PLN dentro da inteligência artificial é imensa, pois a linguagem é um dos meios mais naturais e eficientes para a comunicação de ideias complexas. Em um mundo onde a quantidade de informações geradas é vasta, a capacidade de automatizar e aprimorar o processamento dessas informações por meio do PLN é crucial. De assistentes virtuais, como Siri e Alexa, a sistemas complexos de análise de sentimentos e *chatbots* inteligentes, o PLN está no coração de muitas das mais avançadas e interativas tecnologias de IA.

A jornada do PLN começou há muitas décadas, com suas raízes nos anos 1950 e 1960, quando os primeiros modelos de tradução automática começaram a ser explorados. Inicialmente, os sistemas de PLN eram predominantemente baseados em regras lógicas e gramaticais manualmente codificadas. Contudo, esses sistemas eram muitas vezes rígidos e limitados em sua capacidade de lidar com a complexidade e a ambiguidade da linguagem humana.

Ao longo das décadas, esse campo evoluiu significativamente, especialmente com a introdução de modelos estatísticos e, mais tarde, de aprendizado de máquina. Essas abordagens permitiram um processamento de linguagem mais flexível e robusto, capaz de aprender a partir de grandes quantidades de dados de texto. O advento da internet e o subsequente aumento exponencial na disponibilidade de dados textuais digitais impulsionaram ainda mais as capacidades e aplicações do PLN.

Nos últimos anos, vimos uma revolução no campo com o surgimento de modelos de linguagem baseados em redes neurais, como o *transformer*, BERT e GPT. Esses modelos aproveitam vastas quantidades de dados para oferecer compreensões ainda mais profundas da linguagem, permitindo aplicações que vão desde a geração automática de texto até sofisticados sistemas de resposta a perguntas. A habilidade de processar e entender linguagem natural está se tornando cada vez mais sofisticada, abrindo novos caminhos para que a IA se integre de maneira mais natural e eficaz em nossas vidas diárias.

Pode-se pensar no PLN como um tradutor entre humanos e máquinas. Assim como um tradutor humano precisa entender as nuances da linguagem para converter corretamente entre idiomas, o PLN precisa decifrar o texto para transformá-lo em dados que os sistemas computacionais possam manipular e responder adequadamente.

Para compreender e processar a linguagem natural, os sistemas de PLN começam com algumas técnicas básicas:

- Tokenização: divide o texto em unidades básicas (*token*s), como palavras ou frases. É o primeiro passo para muitos tipos de análise de texto.
- Lematização e *stemming*: ambas as técnicas são usadas para reduzir palavras a uma forma-base. Enquanto a lematização leva em consideração o contexto e converte a palavra para sua forma de dicionário, o *stemming* corta os sufixos para simplificar a palavra.
- Análise sintática (*parsing*): identifica a estrutura gramatical do texto, ajudando a entender como as palavras se relacionam umas com as outras.

Podemos comparar a *token*ização e a lematização ao processo de preparar os ingredientes antes de cozinhar. Assim como um *chef* precisa prepará-los e medi-los corretamente antes de começar, o PLN prepara o texto, dividindo-o em partes gerenciáveis e simplificando as palavras para facilitar o processamento subsequente.

Com o avanço da tecnologia, métodos mais sofisticados foram desenvolvidos para aprofundar a análise de texto:

- Modelos de linguagem: algoritmos como BERT (*bidirectional encoder representations from transformers*) e GPT (*generative pre-trained transformer*) utilizam redes neurais profundas para entender o contexto completo de uma palavra dentro de um texto, indo muito além das análises baseadas em regras ou estatísticas simples.
- Análise de sentimentos: identifica e categoriza opiniões expressas em um pedaço de texto, para determinar se a atitude do escritor é positiva, negativa ou neutra.
- Extração de informação: técnica que identifica entidades-chave dentro do texto, como nomes de pessoas, locais, datas e relaciona essas informações para extrair estruturas de dados úteis.

Imagine um sistema de PLN projetado para monitorar comentários de clientes sobre produtos em uma loja *online*. O sistema usa análise de sentimentos para categorizar automaticamente os comentários como positivos, negativos ou neutros, ajudando a empresa a entender melhor as opiniões dos clientes sem a necessidade de revisão manual.

Figura 6.2: Reação do PLN usando *rating*

Fonte: gerado em OpenAI, 2024.

6.2 Fundamentos linguísticos

O processamento de linguagem natural é profundamente enraizado na linguística, a ciência que estuda a linguagem humana. O PLN utiliza várias de suas áreas, como morfologia, sintaxe, semântica e pragmática, para desenvolver algoritmos capazes de interpretar e gerar linguagem natural de maneira eficaz.

Morfologia

A morfologia estuda a estrutura das palavras e sua formação a partir de morfemas, que são as unidades mínimas de significado. No PLN, a análise morfológica ajuda os sistemas a compreenderem e processarem as variações das palavras, como diferentes tempos verbais, casos, gêneros e números. Por exemplo, entender que "livros" é o plural de "livro" permite que um sistema de PLN trate ambos os termos como variações da mesma ideia, o que é essencial para tarefas como análise de texto e tradução automática.

Sintaxe

A sintaxe refere-se à disposição das palavras nas frases e às regras que governam a estrutura gramatical das sentenças. A análise sintática em PLN é usada para desmembrar frases em suas componentes, identificando sujeitos, verbos, objetos e outros elementos gramaticais. Esse entendimento é fundamental para que os sistemas de IA possam interpretar corretamente o significado das sentenças e responder ou agir de acordo com essa interpretação.

Semântica

A semântica trata do significado das palavras e como elas se combinam em frases para formar significados maiores. No contexto do PLN, a semântica ajuda os sistemas a entenderem o significado literal das palavras em diferentes contextos, o que é essencial para realizar tarefas, como a de responder às perguntas e a tradução de idiomas. Modelos de PLN avançados utilizam técnicas como *embedding* semântico para capturar essas nuances, permitindo que as máquinas compreendam e reajam a variações sutis no significado.

Pragmática

A pragmática examina como o contexto influencia o uso da linguagem na comunicação real. No PLN, isso implica entender como o mesmo termo pode ter diferentes significados em diferentes situações e como os falantes usam a linguagem de maneiras que podem ser indiretas ou figurativas. A aplicação da pragmática pode ser vista em sistemas avançados de diálogo, nos quais o contexto conversacional é fundamental para fornecer respostas apropriadas e relevantes.

Estrutura de linguagem em modelos de IA

Modelos de inteligência artificial que processam a linguagem natural devem incorporar esses conceitos linguísticos para analisar e entender textos de maneira eficiente. A integração desses fundamentos linguísticos permite que as máquinas não apenas "vejam" as palavras como *strings* de caracteres, mas como entidades ricas em significado e função. Modelos de IA, como os baseados em redes neurais profundas e técnicas de aprendizado de máquina, são treinados para reconhecer padrões linguísticos complexos e usá-los para realizar tarefas específicas, como classificação de texto, detecção de sentimentos, e até mesmo geração de conteúdo coerente e contextualmente apropriado.

6.3 Métodos e técnicas de PLN

O processamento de linguagem natural é um campo dinâmico e complexo que se apoia em uma variedade de métodos e técnicas para interpretar e gerar linguagem humana de forma eficaz. Desde a análise fundamental das palavras até a interpretação de textos complexos, o PLN utiliza diversas abordagens para entender e manipular a linguagem.

Análise léxica, sintática e semântica

No cerne do PLN está a análise léxica, que envolve a segmentação de texto em palavras ou frases, conhecidas como *token*s. Este processo é fundamental para preparar os dados de texto para análises mais profundas. Após a *token*ização, a análise léxica também inclui a identificação e classificação das partes do discurso, como substantivos, verbos e adjetivos, o que é crucial para as etapas subsequentes de análise.

A análise sintática segue a léxica. Utiliza as informações da análise léxica para construir uma estrutura gramatical do texto, identificando relações entre palavras e frases para formar uma árvore sintática que representa a organização gramatical do texto. Este passo é essencial para entender a estrutura lógica e gramatical das sentenças, permitindo que os sistemas de PLN determinem como as palavras em uma frase se relacionam entre si.

Por fim, a análise semântica busca interpretar o significado das palavras e frases no contexto em que são usadas. Isso envolve entender as nuances de significado que dependem do contexto linguístico e cultural, o que pode ser especialmente desafiador devido à ambiguidade inerente à linguagem humana. A semântica no PLN tenta resolver essas ambiguidades para captar o significado pretendido pelo autor do texto.

Técnicas estatísticas *versus* abordagens baseadas em regras

Historicamente, as técnicas de PLN eram dominadas por abordagens baseadas em regras, que utilizavam conjuntos extensivos de regras gramaticais e linguísticas manualmente codificadas para analisar textos. Embora eficazes em contextos muito controlados, essas abordagens são notoriamente rígidas, não escalonáveis e incapazes de lidar com a variabilidade e a riqueza da linguagem natural em uso cotidiano.

Com o advento da computação moderna e o aumento no volume de dados disponíveis, as técnicas estatísticas ganharam prevalência. Essas técnicas, muitas vezes baseadas em modelos de aprendizado de máquina, analisam grandes volumes de dados de texto para identificar padrões e aprender por meio de exemplos, sem a necessidade de regras explícitas. Essa abordagem não só melhora a capacidade de generalização do PLN em novos contextos como também permite uma adaptação mais flexível a diferentes linguagens e dialetos.

Métodos de aprendizado supervisionado e não supervisionado

No PLN, tanto o aprendizado supervisionado quanto o não supervisionado têm papéis importantes. O aprendizado supervisionado em PLN envolve treinar modelos em dados rotulados, como é o caso de tarefas de classificação de texto, em que cada exemplo de treinamento vem com uma etiqueta indicativa (por exemplo, o sentimento do texto). Esse método é poderoso para tarefas bem definidas no qual grandes conjuntos de dados rotulados estão disponíveis.

Por outro lado, o aprendizado não supervisionado é usado em situações em que os dados não estão rotulados. Técnicas como agrupamento e modelagem de tópicos são exemplos de métodos não supervisionados que organizam e estruturam os dados de texto sem *inputs* externos, descobrindo padrões e temas emergentes nos dados. Esses métodos são particularmente úteis para explorar grandes corpora de texto nos quais as etiquetas não estão disponíveis.

6.4 Ferramentas e tecnologias em processamento de linguagem natural

O processamento de linguagem natural é uma área que combina ciência da computação, linguística e dados para permitir que máquinas entendam e interajam com a linguagem humana. A complexidade dessa tarefa exigiu o desenvolvimento de várias ferramentas e tecnologias especializadas, cada uma projetada para facilitar diferentes aspectos do PLN.

Bibliotecas e *frameworks*

No centro do desenvolvimento e da implementação de sistemas de PLN estão as bibliotecas e *frameworks*, que fornecem os blocos de construção necessários para criar e treinar modelos de linguagem natural. Entre as mais populares estão:

- NLTK (*natural language toolkit*): uma das primeiras bibliotecas de PLN, é amplamente usado para ensino e pesquisa em PLN. É ideal para prototipagem rápida e aprendizado, com suporte para tarefas como classificação de texto, *token*ização, *stemming*, *tagging*, *parsing* e análise semântica.
- spaCy: focada em oferecer uma solução de alto desempenho para a produção de aplicações de PLN, a ferramenta é conhecida por sua eficiência e recursos extensivos. Ela suporta mais de 50 idiomas e oferece modelos pré-treinados para várias tarefas de PLN, tornando-a uma escolha popular para desenvolvedores que precisam de uma ferramenta robusta e escalável.
- *Transformers*: desenvolvida pela Hugging Face, esta biblioteca revolucionou o PLN ao facilitar o uso de modelos de transformadores, como BERT, GPT, T5 e outros. Esses modelos, baseados em redes neurais profundas, são

especialmente eficazes para entender o contexto dentro de grandes blocos de texto e têm estabelecido o estado da arte em muitas tarefas de PLN.

Cada uma dessas ferramentas tem seus pontos fortes, com o NLTK sendo mais didático e ideal para aqueles que estão começando a aprender PLN, enquanto spaCy e *transformers* são mais voltados para aplicações comerciais e de pesquisa que exigem alto desempenho e capacidade de escalabilidade.

A seguir, um exemplo de implementação em Python usando NLTK:

Figura 6.3: Código Python

```
# Importando as bibliotecas necessárias
import nltk
from nltk.tokenize import word_tokenize

# Baixando os recursos necessários da NLTK
nltk.download('punkt')

# Definindo um texto de exemplo
texto =
"A NLTK é uma biblioteca poderosa para processamento
de linguagem natural em Python."

# Tokenizando o texto em palavras
palavras = word_tokenize(texto)

# Exibindo as palavras tokenizadas
print(palavras)
```

Fonte: Elaborada pelo autor.

Saída:

['A', 'NLTK', 'é', 'uma', 'biblioteca', 'poderosa', 'para', 'processamento', 'de', 'linguagem', 'natural', 'em', 'Python', '.']

O primeiro passo é importamos a função *word_tokenize* da NLTK, que é usada para dividir o texto em palavras. Também é necessário baixar o recurso *punkt*, que é um modelo de *tokeni*zação pré-treinado da ferramenta. O texto é então *token*izado em palavras, e o resultado é uma lista de palavras, que é impressa no final. Esse exemplo simples ilustra como iniciar com tarefas básicas de processamento de linguagem natural usando a NLTK, e pode ser facilmente expandido para incluir outras funcionalidades, como análise de sentimento, classificação de texto e muito mais.

Uso de APIs de linguagem natural

Além das bibliotecas locais, o uso de APIs de linguagem natural hospedadas na nuvem tem crescido. Elas são oferecidas por gigantes tecnológicos, como Google, IBM, Microsoft e Amazon, e permitem que desenvolvedores integrem capacidades de PLN em suas aplicações sem necessitar de um conhecimento profundo em PLN ou de recursos computacionais avançados para treinar modelos complexos. Elas oferecem serviços como análise de sentimentos, extração de entidade, tradução automática e muito mais, tudo acessível via chamadas de API simples.

Integração com outras tecnologias de IA

O PLN não opera em isolamento, e frequentemente é integrado com outras tecnologias de inteligência artificial para criar sistemas mais inteligentes e adaptáveis. Por exemplo, em aplicações de assistentes virtuais, o PLN é combinado com reconhecimento de voz e tecnologias de síntese de fala para permitir uma interação fluida e natural com os usuários. Em sistemas de análise de dados, pode ser usado junto a técnicas de aprendizado de máquina e visualização de dados para extrair *insights* de texto e transformar informações não estruturadas em conhecimentos acionáveis.

6.5 Modelos de linguagem e *machine learning*

A intersecção entre o processamento de linguagem natural (PLN) e o *machine learning* trouxe inovações significativas, permitindo sistemas que não apenas entendem, mas também geram linguagem de maneira coerente e útil. O coração dessas inovações reside nos modelos de linguagem que transformam texto bruto em representações numéricas compreensíveis por máquinas.

Modelos de espaço vetorial: Word2Vec e GloVe

Os modelos de espaço vetorial, como Word2Vec e GloVe, são fundamentais no campo do PLN, por sua capacidade de converter palavras em vetores de números que capturam aspectos semânticos e sintáticos das palavras. Esses modelos são treinados em grandes corpora de texto e são capazes de capturar a proximidade semântica entre as palavras com base em seu contexto de uso.

- Word2Vec: desenvolvido pelo Google, utiliza estruturas de redes neurais para aprender representações vetoriais para palavras a partir de grandes conjuntos de dados. O modelo é capaz de capturar relações complexas entre palavras, como analogias (por exemplo, "homem" está para "mulher", assim como "rei" está para "rainha").

- GloVe (*global vectors for word representation*): desenvolvido na Universidade de Stanford, combina a factorização de matrizes e as estatísticas globais do *corpus* para fornecer *embeddings* que refletem probabilidades coocorrestes de palavras. Isso resulta em uma abordagem mais robusta para a captura de relações semânticas.

Redes neurais recorrentes (RNNs) e LSTMs

As redes neurais recorrentes (RNNs) são uma classe de redes neurais ideais para dados sequenciais, como texto, em que a compreensão do contexto passado é crucial para interpretar os elementos presentes. No entanto, RNNs tradicionais enfrentam desafios com dependências de longo prazo devido ao problema do desvanecimento do gradiente.

Para superar isso, as *long short-term memory networks* (LSTMs) foram introduzidas. Elas são uma extensão das RNNs que incluem *gates* para regular o fluxo de informações. Elas são capazes de aprender dependências de longo prazo e são amplamente utilizadas em tarefas que requerem a memorização de informações por longos períodos, como na tradução automática.

Transformers e geração de linguagem natural

Uma das inovações mais significativas recentes em PLN são os modelos baseados em *transformers*, como BERT (*bidirectional encoder representations from transformers*) e GPT (*generative pre-trained transformer*). Estes dois utilizam mecanismos de atenção que permitem ao modelo focar diferentes partes de uma frase à medida que processa o texto, melhorando a capacidade de contexto e relevância.

O BERT é notável por seu treinamento bidirecional, o que significa que aprende informações de ambos os lados de um *token* em todo o texto, permitindo uma compreensão contextual mais rica. O GPT, por outro lado, é um modelo de geração de linguagem que pode produzir texto coerente e contextualmente relevante, aprendendo a prever a próxima palavra em uma sequência. O GPT-3, a iteração mais recente, demonstrou habilidades surpreendentes em uma variedade de tarefas de PLN, desde composição de *e-mails* até criação de código.

A convergência de modelos de linguagem e técnicas de *machine learning* no campo do PLN tem facilitado avanços significativos na maneira como as máquinas entendem e interagem com a linguagem humana. Conforme a tecnologia evolui, podemos esperar sistemas ainda mais sofisticados e integrados, capazes de realizar tarefas de PLN mais complexas e variadas.

6.6 Aplicações práticas de PLN

O processamento de linguagem natural tem visto uma adoção crescente em diversos setores, graças à sua capacidade de interpretar, gerar e manipular linguagem humana de maneira eficaz. Essa tecnologia está no coração de várias inovações que transformam desde o atendimento ao cliente até a análise de grandes volumes de dados textuais.

Sistemas de resposta a perguntas, assistentes virtuais e chatbots

Uma das aplicações mais visíveis do PLN é nos sistemas de resposta a perguntas, assistentes virtuais e *chatbots*. Esses sistemas são projetados para interpretar consultas em linguagem natural e fornecer respostas ou ações relevantes. Os assistentes virtuais como Siri, Alexa e Google Assistente utilizam PLN para entender comandos de voz e responder de forma contextualmente apropriada, facilitando tarefas como configurar lembretes, buscar informações *online* e controlar dispositivos domésticos inteligentes.

Chatbots, por sua vez, são amplamente adotados em *websites* de atendimento ao cliente para fornecer respostas rápidas a perguntas frequentes, guiando os usuários por processos ou ajudando na resolução de problemas comuns. A capacidade de processar e responder em linguagem natural permite que esses sistemas ofereçam uma experiência mais fluida e acessível aos usuários.

Análise de sentimentos, extração de informação e resumo automático

Outro campo próspero para o PLN é a análise de sentimentos, na qual algoritmos são usados para determinar as atitudes e emoções expressas em textos. Isso é particularmente útil para empresas que desejam monitorar a percepção pública sobre produtos ou serviços, analisando comentários e avaliações em plataformas *online* para captar tendências de opinião e respondê-las adequadamente.

A extração de informação é outra aplicação crucial, permitindo que organizações extraiam dados estruturados de textos não estruturados, como contratos, *e-mails* e artigos de notícias. Isso facilita a análise de dados e ajuda na tomada de decisões informada. Junto a isso, o resumo automático de textos permite que usuários obtenham rapidamente a essência de documentos extensos, economizando tempo e aumentando a produtividade.

Tradução automática e sistemas de recomendação baseados em conteúdo textual

A tradução automática é uma das áreas mais beneficiadas pelo avanço do PLN. Modelos de linguagem avançados têm melhorado significativamente a qualidade das traduções automáticas, tornando possível a comunicação e o acesso a conteúdos em diferentes idiomas sem a necessidade de um tradutor humano. Isso não apenas facilita a comunicação pessoal e profissional, mas também abre portas para uma integração cultural mais ampla.

Os sistemas de recomendação baseados em conteúdo textual utilizam PLN para analisar as preferências de usuários e recomendar produtos, serviços ou conteúdos relevantes. Por exemplo, plataformas de *streaming*, como Netflix e Spotify, analisam as descrições e metadados de filmes, séries e músicas para oferecer recomendações personalizadas aos usuários, melhorando a experiência do usuário e aumentando a retenção.

Figura 6.4: Representação de um robô escolhendo um filme

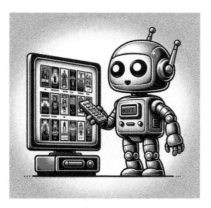

Fonte: gerado em OpenAI, 2024.

CAPÍTULO 7:
VISÃO COMPUTACIONAL

7.1 Introdução à visão computacional

Esta é uma disciplina fascinante dentro da inteligência artificial que equipa máquinas com a capacidade de interpretar e entender o conteúdo visual do mundo. Semelhante ao modo como os humanos usam seus olhos e cérebro para identificar objetos e cenas, a visão computacional emprega câmeras, dados visuais e algoritmos de aprendizado para realizar tarefas como reconhecimento de imagem, processamento de vídeo e análise visual.

Figura 7.1: IA generativa + visão computacional

Fonte: gerado em OpenAI, 2024.

Definição e papel na inteligência artificial

A visão computacional é essencialmente a capacidade de uma máquina de extrair informações de uma ou diversas imagens. Isso pode variar desde a identificação de objetos simples em uma fotografia até tarefas mais complexas, como a interpretação de cenas dinâmicas e o reconhecimento de atividades humanas. O papel da visão computacional na inteligência artificial é proeminente, pois permite que as máquinas realizem uma análise visual automática, o que é crucial em muitos sistemas modernos de IA, desde robôs autônomos e carros sem motorista até sistemas de vigilância avançados e diagnósticos médicos automatizados.

Breve histórico e evolução

A história da visão computacional remonta aos primeiros dias da inteligência artificial nos anos 1960 e 1970, quando pesquisadores começaram a explorar a possibilidade de máquinas entenderem e interpretarem imagens visuais. Um dos primeiros projetos significativos foi o sistema Blocks World, do MIT, que identificava e modelava objetos empilhados em uma configuração simples usando câmeras e processadores primitivos. Esse foi um dos primeiros exemplos de como os princípios básicos de visão computacional poderiam ser aplicados para resolver problemas reais.

Nos anos 1980 e 1990, o campo da visão computacional expandiu-se significativamente com o desenvolvimento de algoritmos mais avançados e a disponibilidade de maior poder computacional. Foi durante esse período que técnicas fundamentais, como a transformada de Hough para detecção de formas e o método de janelas deslizantes para reconhecimento de objetos, foram solidificadas.

A introdução das redes neurais convolucionais (CNNs) nos anos 2000 marcou um ponto de virada decisivo para a visão computacional. A publicação do modelo LeNet por Yann LeCun e colegas no final dos anos 1990, e mais notavelmente o sucesso da AlexNet no desafio ImageNet em 2012, demonstraram o poder das CNNs no aprendizado de características visuais complexas diretamente dos dados, sem a necessidade de extração manual de características.

Desde então, a visão computacional tem visto avanços rápidos, impulsionados pelo aumento explosivo em dados disponíveis e pelo desenvolvimento contínuo de modelos de *deep learning* mais sofisticados. Hoje, tecnologias de visão computacional estão integradas em uma variedade de aplicações industriais e de consumo, transformando a maneira como interagimos com as máquinas e como elas nos ajudam a entender o mundo visual.

7.2 Fundamentos de processamento de imagens

O processamento de imagens é uma técnica crucial na visão computacional que envolve a manipulação e análise de imagens digitais para melhorar sua qualidade ou extrair informações úteis. Este campo utiliza uma variedade de operações matemáticas e algoritmos para transformar imagens de uma forma para outra, dependendo do resultado desejado, seja para análise ou visualização melhorada.

Conceitos básicos de imagem digital

Uma imagem digital é essencialmente uma representação numérica de uma imagem visual armazenada em um formato eletrônico. As imagens digitais são compostas de *pixels*, que são os seus menores componentes que têm um valor de cor atribuído.

- Pixels: o termo "*pixel*" é uma abreviatura de "elemento de imagem" (*picture element*). Cada *pixel* é um ponto na imagem e a menor unidade de informação que a compõe. Sua cor é geralmente representada como uma combinação de valores de vermelho, verde e azul (RGB), em que diferentes intensidades dessas cores são combinadas para produzir a vasta gama de cores que percebemos em uma imagem colorida.
- Resolução: a resolução é medida pelo número de *pixels* dispostos em largura e altura. Imagens com mais *pixels* têm uma resolução mais alta e, portanto, contêm mais detalhes. A resolução afeta diretamente o quão nitidamente pequenos detalhes podem ser visualizados em uma imagem.
- Cores: além do modelo RGB, outras representações de cores incluem o modelo CMYK (ciano, magenta, amarelo e preto), usado em impressão e o modelo HSV (matiz, saturação e valor), que é frequentemente mais intuitivo para tarefas de processamento de imagens relacionadas à análise de cores.

Figura 7.2: Padrão de *pixels* RGB

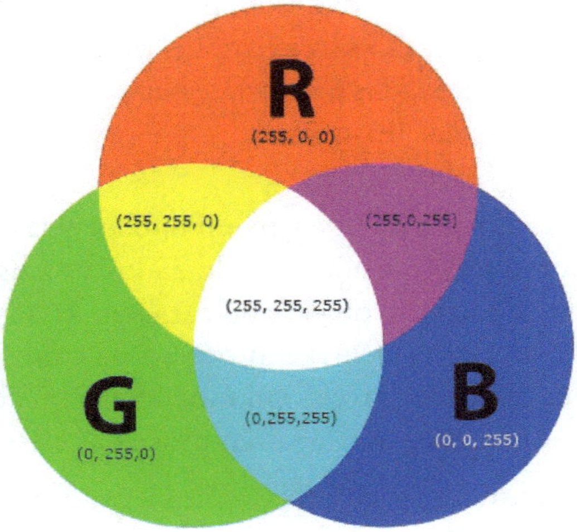

Fonte: Alini Lessa Laube, 2013.

O processamento de imagens envolve diversas operações que podem ser aplicadas para extrair informações, ajustar características visuais ou preparar imagens para análises subsequentes. Algumas das operações fundamentais incluem:

- Filtragem: utilizada para melhorar a imagem ou extrair informações úteis. Os filtros podem suavizar, realçar ou remover ruídos da imagem. Por exemplo, filtros de suavização, como o gaussiano, são usados para reduzir o ruído visual, enquanto filtros de realce podem ajudar a acentuar as bordas dentro da imagem.

- Binarização: envolve a conversão de uma imagem colorida ou em tons de cinza para uma imagem preto e branco, baseando-se em um limiar. Esse processo é útil em aplicações em que as formas e contornos precisam ser destacados, como na detecção de objetos.

- Morfologia matemática: uma técnica poderosa para extrair componentes de imagens, como bordas, e para corrigir falhas em dados de imagem. Operações como erosão e dilatação são exemplos típicos de morfologia matemática, usadas para processar e analisar a estrutura geométrica das imagens.

O reconhecimento de imagem em inteligência artificial envolve o processamento e a análise de dados visuais (imagens) para identificar padrões, objetos ou características específicas. Uma das etapas essenciais nesse processo é a conversão de dados brutos de imagem (*pixels*) em uma forma que os modelos de aprendizado de máquina possam processar eficientemente.

Função sigmoide, vista no Capítulo 5, é uma função de ativação comumente usada em redes neurais, especialmente em camadas de saída de problemas de classificação binária. Matematicamente, é expressa como:

$$\sigma(z) = \frac{1}{1+e^{-z}}$$

Em que z = entrada, e = base do logaritmo natural, $\sigma(z)$ = saída entre 0 e 1.

Nesse sentido, um *bit* é a unidade básica de informação em computação, podendo ter um valor de 0 ou 1. Um *byte*, por sua vez, consiste em 8 bits. Quando você usa 8 bits para representar um número, pode codificar 2^8 (que é 256) em diferentes valores. Esses valores são comumente listados de 0 a 255.

- Imagens em escala de cinza: em uma imagem em escala de cinza, cada *pixel* é representado por um único *byte* (8 bits), o que permite 256 diferentes níveis de intensidade de cinza. O valor 0 representa preto absoluto, enquanto

255 representa branco absoluto. Os valores intermediários representam diferentes tons de cinza.
- Imagens coloridas: para imagens coloridas, normalmente utilizam-se três canais de cor: vermelho, verde e azul (RGB). Cada canal é tratado separadamente e pode assumir valores de 0 a 255, permitindo 256 intensidades diferentes para cada cor básica. A combinação desses três canais permite representar milhões de cores diferentes (256 x 256 x 256).

Aplicação em reconhecimento de imagem

No contexto do reconhecimento de imagem, cada *pixel* de uma imagem, geralmente representado em uma escala de 0 a 255 (em escala de cinza), é convertido para um valor entre 0 e 1. A função sigmoide é aplicada a cada valor de *pixel* individualmente. Isso ajuda a normalizar os dados, facilitando o processo de aprendizado da rede neural.

Ao aplicar a sigmoide, valores de *pixel* próximos de 255 (muito claros) tendem a se aproximar de 1, enquanto valores próximos de 0 (muito escuros) tendem a se aproximar de 0. Isso cria um efeito de normalização em que as variações de intensidade dos *pixels* são suavizadas, ajudando o modelo a focar características mais relevantes em vez de variações bruscas de cor.

Com os dados normalizados (valores entre 0 e 1), os algoritmos de aprendizado de máquina, especialmente aqueles baseados em gradiente (como o *backpropagation,* usado em redes neurais), operam de maneira mais eficiente. Gradientes são mais estáveis e menos propensos a oscilações extremas, o que é crucial para a convergência durante o treinamento.

7.3 Detecção e reconhecimento de objetos

Detecção e reconhecimento de objetos são tarefas fundamentais e desafiadoras na visão computacional. Esses processos envolvem não apenas identificar a presença de objetos dentro de uma imagem, mas também classificá-los em categorias conhecidas. Essas capacidades são cruciais em uma variedade de aplicações, desde sistemas de segurança e monitoramento até assistentes robóticos e navegação autônoma.

Métodos para detecção de objetos

A detecção de objetos geralmente começa com a identificação de características significativas dentro de uma imagem. Alguns dos métodos mais tradicionais incluem:

- Detectores de bordas: utilizam algoritmos como o de Canny, Sobel ou Prewitt para identificar áreas na imagem em que ocorrem mudanças bruscas de intensidade. Essas mudanças são frequentemente indicativas de bordas de objetos. A detecção destas é geralmente o primeiro passo em muitos processos de visão computacional, pois simplifica a análise posterior ao reduzir a quantidade de dados a serem processados e destacar as características importantes.

- Transformada de Hough: especialmente útil para a detecção de formas simples, como linhas, círculos e elipses. A transformada de Hough converte pontos de características em um espaço de parâmetros e identifica objetos pelo número de interseções em cada parâmetro. Isso permite que o método identifique formas mesmo quando elas estão parcialmente ocultas ou distorcidas.

Técnicas de reconhecimento de objetos e formas

Após a detecção inicial dos objetos, o próximo passo é reconhecê-los, ou seja, identificar a que categoria pertencem. As técnicas para isso variam desde abordagens simples de correspondência até complexos sistemas baseados em aprendizado de máquina:

- *Matching* (correspondência): envolve a comparação de objetos detectados com um conjunto de modelos ou formas conhecidas. Isso pode ser feito por meio de técnicas como *matching* de características, em que pontos de interesse específicos são comparados com aqueles em um banco de dados de objetos conhecidos.
- Métodos baseados em aprendizado de máquina: com o avanço do *machine learning*, especialmente com redes neurais profundas, o reconhecimento de objetos tornou-se mais sofisticado e preciso. Modelos como redes neurais convolucionais (CNNs) são treinados em grandes conjuntos de dados de imagens etiquetadas e são capazes de identificar uma vasta gama de objetos com alta precisão. Esses modelos aprendem a extrair características hierárquicas das imagens durante o treinamento, o que lhes permite reconhecer objetos mesmo em condições variadas de iluminação, pose e ocultação.
- Sistemas de aprendizado profundo como YOLO (*you only look once*) e SSD (*single shot multibox detector*): são exemplos de modelos de detecção de objetos que não apenas localizam onde os objetos estão em uma imagem, mas simultaneamente identificam suas categorias. Esses modelos são extremamente rápidos.

Figura 7.3: Reconhecimento de objetos por segmentação

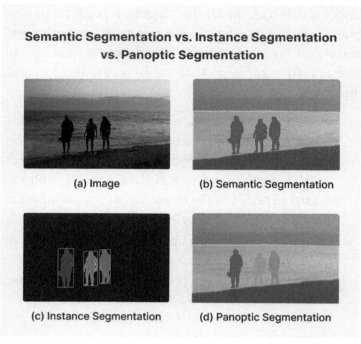

Fonte: V7 Labs.

7.4 Técnicas de aprendizado de máquina em visão computacional

As técnicas de aprendizado de máquina transformaram o campo da visão computacional, fornecendo ferramentas poderosas que permitem que os computadores vejam e entendam o mundo visual de maneira similar, e às vezes até superior, à capacidade humana. Entre essas técnicas, as redes neurais convolucionais (CNNs) e a transferência de aprendizado se destacam por sua eficácia e versatilidade.

Uso de redes neurais convolucionais (CNNs)

As redes neurais convolucionais são uma classe especializada de redes neurais projetadas para processar dados que têm uma estrutura em grade, como imagens. Essa estrutura pode ser vista como uma grade de *pixels*, e as CNNs utilizam uma matemática cuidadosamente elaborada para extrair padrões efetivamente dessa estrutura em grade.

As CNNs são amplamente utilizadas para classificar imagens, o que significa categorizar uma imagem inteira em uma classe específica. Por exemplo, uma CNN pode ser treinada para reconhecer imagens de animais, classificando-as em categorias como cães, gatos, pássaros etc. Isso é feito por meio de camadas convolucionais que atuam como filtros que capturam características visuais específicas, seguidas por camadas de *pooling*, que reduzem a dimensão dos dados retidos, concentrando-se nas características mais importantes.

Além de classificar imagens, as CNNs também são utilizadas para localizar objetos dentro delas, o que é conhecido como detecção de objetos. Isso envolve não apenas identificar os objetos em uma imagem, mas também determinar onde eles estão localizados. Essa tarefa é geralmente realizada por redes que combinam CNNs para a extração de características com uma camada de saída que prediz coordenadas para cada objeto detectado.

Transferência de aprendizado em visão computacional

A transferência de aprendizado é uma técnica poderosa em aprendizado de máquina na qual um modelo desenvolvido para uma tarefa é reutilizado como ponto de partida para outra tarefa. Em visão computacional, essa técnica tem provado ser extremamente valiosa.

Podemos citar como exemplo um modelo treinado na grande base de dados ImageNet para classificar imagens em milhares de categorias pode ser ajustado para uma tarefa mais específica com menos dados disponíveis, como reconhecer tipos específicos de defeitos em peças de fabricação. Isso é possível porque as características visuais aprendidas pelo modelo na tarefa original são frequentemente úteis para muitas outras tarefas de visão computacional.

A transferência de aprendizado é particularmente útil quando há uma quantidade limitada de dados de treinamento disponível para uma nova tarefa, algo comum em aplicações especializadas. Ao aproveitarem os conhecimentos adquiridos com grandes conjuntos de dados, os modelos podem ser treinados de forma mais rápida e eficiente, com desempenho melhor do que se fossem treinados do zero.

7.5 Visão estéreo e reconstrução 3D: fundamentos e métodos

Fundamentos da visão estéreo

A visão estéreo é uma área fascinante da visão computacional que envolve a extração de informações tridimensionais a partir de imagens bidimensionais. Baseia-se no princípio da paralaxe estéreo, que é a diferença na posição de um objeto visto por dois sensores, ou câmeras, posicionados em locais diferentes. Essa diferença é conhecida como disparidade e é fundamental para calcular a profundidade e a distância dos objetos a partir das câmeras.

O processo de visão estéreo começa com a captura de imagens simultâneas do mesmo ambiente, com base em duas perspectivas ligeiramente diferentes. A partir dessas imagens, os algoritmos de visão computacional identificam pontos correspondentes em cada uma. Esses pontos, quando corretamente emparelhados, permitem a criação de um mapa de disparidade, que é essencialmente uma representação da distância de cada ponto na cena em relação às câmeras.

Um desafio fundamental na visão estéreo é garantir uma correspondência precisa entre os pontos nas duas imagens. Erros de correspondência podem levar a cálculos incorretos de profundidade, resultando em reconstruções 3D imprecisas. Para mitigar isso, diversas técnicas, como a correlação baseada em janelas, algoritmos de programação dinâmica e métodos baseados em aprendizado de máquina, têm sido desenvolvidas para melhorar a precisão das correspondências de pontos.

Figura 7.4: Matriz com representação X Y Z

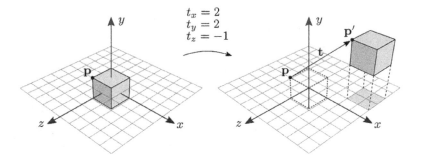

Fonte: Bruno Dorta, 2021.

Aplicações da visão estéreo

A visão estéreo tem uma variedade de aplicações práticas. Na robótica, é usada para navegação e manipulação de objetos, permitindo que robôs percebam a profundidade e evitem obstáculos. Na indústria automotiva, sistemas de assistência ao motorista a utilizam para detectar veículos, pedestres e outros obstáculos críticos, contribuindo para a segurança veicular. Além disso, em realidade aumentada, permite a inserção precisa de objetos virtuais em ambientes reais, criando experiências imersivas mais convincentes.

Métodos para reconstrução de ambientes tridimensionais

A reconstrução de ambientes tridimensionais a partir de imagens é um processo que transforma a informação de disparidade obtida pela visão estéreo em modelos tridimensionais detalhados. Existem várias técnicas para realizar essa reconstrução, cada uma com seus próprios méritos e limitações.

- Reconstrução baseada em *voxel*: este método envolve a divisão do espaço de interesse em uma grade tridimensional de *voxel*s (equivalente tridimensional de um *pixel*). Cada *voxel* é então avaliado para determinar se pertence a um objeto sólido, com base nas informações de profundidade derivadas das imagens estéreo. Apesar de simples, essa técnica pode ser computacionalmente intensiva e pode não capturar detalhes finos.
- Reconstrução baseada em malha: em contraste com a abordagem baseada em *voxel*, a reconstrução em malha cria uma rede de vértices interligados que formam a superfície dos objetos. Esse método é geralmente mais eficiente em termos de memória e pode produzir modelos

mais detalhados e suaves. Métodos populares incluem a triangulação a partir de pontos característicos e o uso de algoritmos como o *Poisson surface reconstruction* para gerar a malha a partir dos pontos.

- Reconstrução baseada em aprendizado profundo: recentemente, métodos baseados em redes neurais convolucionais têm sido aplicados para melhorar a precisão e a eficiência da reconstrução 3D. Essas técnicas aprendem características hierárquicas dos dados de imagem, que podem ser usadas para prever mapas de profundidade e realizar reconstruções tridimensionais com alta precisão.

Cada uma dessas técnicas tem seu lugar dependendo do contexto de aplicação e dos requisitos específicos de precisão, resolução e eficiência computacional. A escolha do método apropriado depende das necessidades específicas do projeto e dos recursos disponíveis.

7.6 Rastreamento e análise de movimento: técnicas e aplicações

Técnicas de rastreamento de objetos em vídeo

O rastreamento de objetos em vídeos é uma das tarefas mais críticas e desafiadoras na visão computacional, desempenhando um papel crucial em uma variedade de aplicações, como vigilância de segurança, controle de tráfego, análise esportiva, e interações homem-máquina. A ideia é seguir a trajetória de um ou mais objetos ao longo do tempo dentro de uma sequência de vídeo.

Existem várias abordagens para o rastreamento de objetos, cada uma adequada a diferentes cenários e necessidades:

- Rastreamento baseado em detecção: este método primeiro detecta o objeto em cada quadro do vídeo usando algoritmos, e depois liga essas detecções ao longo do tempo. Ele é eficaz contra oclusões e pode rastrear objetos que entram e saem de cena, mas pode ser intensivo computacionalmente, dependendo da eficiência do algoritmo de detecção utilizado.
- Rastreamento por modelos de aparência: nesta técnica, o modelo de aparência do objeto (cor, textura, forma) é inicialmente definido ou aprendido e então usado para rastrear o objeto em quadros subsequentes. Métodos como *mean-shift* e *cam-shift* são populares por sua simplicidade e eficácia em cenários com pouca oclusão e variação de iluminação.
- Rastreamento baseado em características: esse método depende de pontos de interesse no objeto, como cantos ou bordas, que são rastreados ao longo do vídeo. Técnicas como *optical flow* e rastreadores baseados em Lucas-Kanade são exemplos em que a movimentação de pontos específicos é seguida para inferir a trajetória do objeto inteiro.

Figura 7.5: Matriz de profundidade para reconhecimento de objetos

Fonte: Sighthound Inc, 2024

Rastreamento com aprendizado profundo: com o avanço do aprendizado de máquina, especialmente redes neurais profundas, o rastreamento de objetos tem visto melhorias significativas em precisão e robustez. Redes como as CNNs (*convolutional neural networks*) são treinadas para identificar e seguir objetos em condições variáveis de vídeo, lidando melhor com problemas como oclusão, mudanças rápidas na iluminação, e alterações na aparência do objeto.

Análise de padrões de movimento e atividades em sequências de vídeo

A análise de padrões de movimento visa entender o comportamento dos objetos rastreados em vídeos, identificando atividades ou eventos específicos. Essa análise é fundamental em áreas como a pesquisa comportamental, segurança pública e interações multimídia.

Para realizar a análise de movimento, os seguintes passos são geralmente adotados:

- Extração de características de movimento: inicialmente, características quantitativas do movimento, como velocidade, trajetória e aceleração, são extraídas dos dados de rastreamento. Essas características são cruciais para diferenciar entre diferentes tipos de movimentos ou atividades.

- Reconhecimento de padrões de movimento: utilizando técnicas de aprendizado de máquina, como máquinas de vetores de suporte (SVM) ou redes neurais recorrentes (RNN), os padrões extraídos são analisados para identificar atividades específicas. Por exemplo, na análise esportiva, pode-se diferenciar um passe de uma finalização com base nos padrões de movimento dos jogadores.

- Análise temporal de sequências: em vídeos, o contexto temporal é crucial para entender a sequência de eventos. Os métodos de análise temporal, como cadeias de Markov ocultas (HMM) ou modelos de atenção, são empregados para interpretar sequências de ações, permitindo a compreensão de comportamentos complexos ao longo do tempo.

A combinação de rastreamento eficiente e análise detalhada de movimento abre portas para aplicações avançadas em áreas que vão desde a monitoração automatizada até interfaces de usuário inovadoras que respondem a gestos naturais. A integração dessas tecnologias continua a impulsionar o campo da visão computacional, melhorando tanto o entendimento quanto a interatividade nos sistemas baseados em interpretação de imagem.

7.7 Desafios e tendências futuras em visão computacional

Principais desafios na pesquisa e prática de visão computacional

A visão computacional tem progredido significativamente, mas ainda enfrenta vários desafios práticos que limitam sua aplicabilidade em condições do mundo real. Alguns dos desafios mais persistentes incluem:

- Condições de iluminação variável: a variação na iluminação pode drasticamente afetar a performance dos algoritmos de visão computacional. Sistemas de visão computacional frequentemente falham em condições de baixa luz ou quando expostos a mudanças bruscas destas, como as causadas por sombras ou transições repentinas entre ambientes internos e externos.

- Oclusões: objetos parcialmente bloqueados em uma cena podem ser difíceis de identificar e rastrear. A oclusão é um problema particularmente desafiador em cenários dinâmicos e lotados, como em ambientes urbanos ou durante eventos com muitas pessoas.

- Mudanças de perspectiva: a mudança na perspectiva de visualização de um objeto pode alterar sua aparência em uma imagem, o que pode confundir algoritmos que dependem de características visuais estáveis. Esse problema é especialmente prevalente em aplicações que requerem reconhecimento de objetos ou pessoas de diferentes ângulos e distâncias.

Esses desafios exigem abordagens eficazes e adaptativas para garantir que os sistemas de visão computacional sejam confiáveis sob diversas condições.

Avanços recentes em visão computacional

Recentemente, a visão computacional tem se beneficiado de avanços em tecnologias correlatas, principalmente o aprendizado profundo. Redes neurais convolucionais (CNNs) revolucionaram a capacidade de processamento e análise de imagens, melhorando significativamente a precisão na detecção e classificação de objetos. Além disso, técnicas como as redes neurais generativas adversariais (GANs) têm sido usadas para gerar e aprimorar dados de treinamento, possibilitando modelos mais robustos mesmo em condições adversas.

Tendências futuras em visão computacional

- Aprendizado profundo com menos dados: uma das tendências mais importantes é o desenvolvimento de métodos que requerem menos dados de treinamento. Técnicas como aprendizado por transferência, em que o conhecimento é transferido de um domínio para outro, e aprendizado semisupervisionado, que utiliza grandes quantidades de dados não rotulados, estão ganhando popularidade.
- Visão computacional em realidade aumentada (RA): a visão computacional está se tornando um componente-chave em sistemas de realidade aumentada, nos quais a integração precisa de elementos virtuais no mundo real é crucial. Isso inclui desde o rastreamento de gestos e

interações do usuário até a sobreposição precisa de informações digitais em ambientes físicos.

- Expansão para novas domínios: uma das tendências é na área de agricultura de precisão, em que é usada para monitorar cultivos e detectar doenças nas plantas, e em ciências ambientais, para controlar mudanças nos ecossistemas por meio de imagens de satélite.

CAPÍTULO 8:
GPT

8.1 Introdução ao modelo GPT

A família de modelos *generative pretrained transformer*, conhecida pela sigla GPT, é uma das maiores contribuições recentes no campo da inteligência artificial, especificamente na área de processamento de linguagem natural (PLN). Desenvolvida pela OpenAI, esta série de modelos tem transformado a maneira como interagimos e implementamos soluções baseadas em texto. Vamos explorar o desenvolvimento, as funcionalidades e as implicações dessa poderosa ferramenta.

Figura 8.1: Representação de IA por trás de modelos GPT

Fonte: gerado em OpenAI, 2024.

O conceito de GPT nasceu do desejo de criar um sistema capaz de entender e gerar texto de maneira coerente e contextualmente relevante. O primeiro modelo, GPT, foi introduzido em 2018, e desde então a série evoluiu para versões mais sofisticadas, como GPT-2, GPT-3, e recentemente GPT-4.

A ideia central por trás dos modelos GPT é o uso de um tipo específico de arquitetura de rede neural chamada *transformer*, que foi introduzida no artigo *attention is all you need*, pelos pesquisadores Vaswani *et al.* em 2017. Essa arquitetura é notável por seu mecanismo de atenção, que permite ao modelo ponderar a importância relativa de diferentes palavras em uma frase, independentemente de sua posição. Esse recurso é crucial para entender o contexto e a semântica do texto, permitindo uma geração de texto mais fluida e natural.

O processo de treinamento de um modelo GPT é um exemplo clássico de aprendizado supervisionado em larga escala. Inicialmente, o modelo é treinado em um vasto conjunto de dados de texto, aprendendo padrões linguísticos complexos e variados. Esse processo é conhecido como pré-treinamento. O modelo, uma vez pré-treinado, pode ser então ajustado (ou *fine-tuned*) para tarefas específicas, como responder a perguntas, traduzir textos ou mesmo criar conteúdo artístico.

Uma característica distintiva dos modelos GPT é que eles são treinados usando um método chamado modelagem de linguagem autorregressiva. Isso significa que o modelo aprende a prever a próxima palavra em uma sequência, dada todas as palavras anteriores. Esse método de treinamento permite que o GPT gere texto continuando a sequência de entrada fornecida pelo usuário, tornando-o extremamente versátil.

Aplicações e implicações

As aplicações dos modelos GPT são vastas e impactam diversos campos. Na educação, por exemplo, podem auxiliar na criação de materiais didáticos personalizados ou no fornecimento de tutoria virtual. Já no jornalismo, podem ajudar na redação de artigos ou na automação de relatórios rotineiros. Na indústria, simplificam a documentação técnica e melhoram interfaces de usuário com processamento de linguagem natural.

No entanto, com grande poder, vêm grandes responsabilidades. As implicações éticas do uso de modelos como o GPT também são significativas. Questões como viés algorítmico, privacidade dos dados e a autenticidade da informação gerada são preocupações centrais. Além disso, o impacto no mercado de trabalho, no qual tarefas baseadas em geração e interpretação de texto podem ser automatizadas, é um tema de debate contínuo.

8.2 Arquitetura do *transformer*: uma visão detalhada

A arquitetura do *transformer*, introduzida por Vaswani *et al.* em seu seminal artigo "Attention Is All You Need", em 2017, revolucionou o campo do processamento de linguagem natural (PLN) e é a espinha dorsal de modelos como o GPT. Veremos sobre componentes críticos dessa arquitetura, explicando como os mecanismos de atenção, as cabeças de atenção múltipla e o processamento paralelo são integrados para criar um modelo poderoso e eficiente.

O *transformer* é baseado inteiramente em mecanismos de atenção, descartando completamente a necessidade de recorrência — a marca registrada de arquiteturas anteriores como RNNs e LSTMs. A estrutura do *transformer* é dividida principalmente em duas partes: o codificador e o decodificador, cada um consistindo em uma série de blocos idênticos, que são empilhados verticalmente.

Cada bloco do codificador contém duas subcamadas principais: a primeira, de atenção de cabeça múltipla; e outra, de *feed-forward neural network* completamente conectada. Além disso, as duas são seguidas por uma operação de normalização de camada, e um mecanismo de *skip connection* é utilizado para conectar a entrada e a saída de cada subcamada.

O decodificador também é composto de blocos que espelham a estrutura dos blocos do codificador, com uma diferença significativa: a inserção de uma subcamada adicional de atenção de cabeça múltipla que recebe entradas do codificador. Esta subcamada permite ao decodificador focar partes relevantes da entrada ao gerar a saída, um processo conhecido como atenção cruzada.

O coração do *transformer* é o mecanismo de atenção, especificamente a "atenção de cabeça múltipla". A atenção permite que o modelo avalie diferentes partes da entrada e determine quais aspectos são mais importantes, ignorando a ordem linear dos dados. Isso é crucial para entender o contexto e as relações complexas em textos.

A atenção é calculada usando três conjuntos de pesos: consultas (*queries*), chaves (*keys*) e valores (*values*), que são derivados dos dados de entrada. O processo de atenção é essencialmente uma função que mapeia uma consulta e um conjunto de pares de chave-valor a uma saída, a qual é uma soma ponderada dos valores, com os pesos atribuídos pela compatibilidade da consulta com as chaves.

Cabeças de atenção múltipla

No contexto dos *transformers*, a atenção não é calculada apenas uma vez, mas várias vezes paralelamente — cada uma com um conjunto diferente de pesos de consulta, chave e valor. Isso permite que o modelo capture informações de múltiplas representações subespaciais em diferentes posições. Cada "cabeça" pode aprender a focar diferentes aspectos da entrada, e a combinação dessas diferentes atenções proporciona uma visão mais rica e diversificada do que seria possível com uma única cabeça de atenção.

Um dos principais benefícios da arquitetura *transformer* é sua capacidade de processar todos os *token*s de entrada simultaneamente, em contraste com as abordagens sequenciais das RNNs. Isso é possível devido à natureza independente da atenção, que não requer que os dados sejam processados em qualquer ordem específica. O processamento paralelo não só torna o *transformer* extremamente rápido e eficiente em termos de tempo, mas também mais escalável para conjuntos de dados maiores e modelos mais complexos.

8.3 Pré-treinamento e ajuste fino de modelos de IA

O processo de desenvolvimento de modelos de inteligência artificial (IA), especialmente aqueles baseados em aprendizado profundo, envolve duas fases primordiais: pré-treinamento e ajuste fino. Essas etapas são fundamentais para preparar um modelo para realizar tarefas específicas com alta eficiência e precisão. A seguir, exploraremos em detalhes esses dois processos, elucidando como cada um contribui para a eficácia dos modelos de IA modernos.

Pré-treinamento: construindo uma base de conhecimento geral

O pré-treinamento é a primeira fase na vida de um modelo de IA. Nessa etapa, o modelo é treinado em uma grande quantidade de dados de texto, que não são específicos a nenhuma tarefa particular. O objetivo é desenvolver uma base de conhecimento geral que o modelo possa usar como ponto de partida para tarefas mais específicas no futuro. Esse processo é semelhante ao aprendizado humano, em que anos de educação generalista formam a base do conhecimento que nos permite posteriormente aprender habilidades mais específicas com maior facilidade.

Para os modelos de linguagem, como os baseados na arquitetura *transformer* (por exemplo, BERT e GPT), o pré-treinamento geralmente envolve o aprendizado de representações de palavras e frases a partir de enormes conjuntos de dados textuais. Eles aprendem a prever partes do texto faltantes, a entender a relação entre sentenças consecutivas, e a capturar nuances linguísticas e semânticas. O pré-treinamento é computacionalmente intensivo e pode exigir várias semanas, dependendo do tamanho do modelo e da quantidade de dados de treinamento.

Ajuste fino: especializando o modelo para tarefas específicas

Após o pré-treinamento, o modelo adquire uma compreensão geral da linguagem, mas não está ainda especializado para realizar nenhuma tarefa específica. É aqui que o ajuste fino entra em jogo. Durante esta fase, o modelo pré-treinado é treinado novamente, mas dessa vez em um conjunto de dados menor e mais focado, que é diretamente relevante para a tarefa que o modelo precisa executar. Por exemplo, se o objetivo é a classificação de sentimentos, o modelo é ajustado com um conjunto de dados que consiste em exemplos de textos acompanhados de suas respectivas etiquetas de sentimento.

O ajuste fino permite que o modelo regule seus pesos e parâmetros internos para se adaptar melhor às características específicas da tarefa em questão. Essa etapa é geralmente muito mais rápida do que o pré-treinamento, pois o modelo já tem uma base sólida sobre a qual ele pode construir.

Equilíbrio entre pré-treinamento e ajuste fino

O equilíbrio entre pré-treinamento e ajuste fino é crucial. Um modelo bem pré-treinado, mas inadequadamente ajustado, pode falhar em aplicar seu conhecimento geral a casos específicos. Por outro lado, um ajuste fino excessivo pode levar a um fenômeno conhecido como *overfitting*, no qual o modelo se adapta tão bem ao conjunto de dados de treinamento que se torna incapaz de generalizar para novos dados.

Em resumo, o pré-treinamento e o ajuste fino são etapas complementares no desenvolvimento de modelos de IA robustos e eficientes. Ao entenderem e aplicar esses processos de maneira eficaz, os desenvolvedores podem criar sistemas de IA que não apenas entendem a linguagem em um nível básico, mas que também executam tarefas específicas com alta competência.

8.4 Variações do modelo: explorando as versões do GPT

Desde a introdução do *transformer* em 2017, a série de modelos de processamento de linguagem natural conhecida como *Generative Pre-trained transformer* (GPT) tem evoluído significativamente. Cada iteração do GPT tem se baseado no sucesso da versão anterior, ampliando as capacidades e a aplicabilidade do modelo em uma variedade de tarefas de IA. A seguir, exploraremos as diferentes versões do GPT, começando pelo GPT-2 até o GPT-3, incluindo variações intermediárias como o GPT-3.5, e discutiremos possíveis futuras evoluções desses modelos.

GPT-2: expandindo fronteiras

Lançado pela OpenAI em 2019, o GPT-2 foi uma grande melhoria em relação ao seu predecessor, o GPT. Com 1,5 bilhão de parâmetros, o GPT-2 foi treinado em um *dataset* significativamente maior e demonstrou uma habilidade notável para gerar textos coerentes e contextualmente relevantes com base em *prompts* simples. Esse modelo foi capaz de realizar uma ampla variedade de tarefas de processamento de linguagem natural sem precisar de ajuste fino específico para cada uma delas, uma propriedade conhecida como *zero-shot learning*.

GPT-3: definindo novos padrões

O lançamento do GPT-3 em 2020 marcou um salto significativo em relação ao GPT-2, com impressionantes 175 bilhões de parâmetros. Essa versão foi capaz de gerar textos que podiam, em muitos casos, ser indistinguíveis dos escritos por humanos. O GPT-3 não apenas melhorou na geração de texto, mas também demonstrou capacidades avançadas em tradução, resumo e até mesmo em tarefas básicas de programação. Sua arquitetura permitiu uma aplicação ainda mais ampla do conceito de aprendizado *few-shot* e *one-shot*, nos quais o modelo pode desempenhar tarefas com pouca ou nenhuma instrução específica.

GPT-3.5: uma ponte entre iterações

O GPT-3.5, uma versão intermediária lançada antes do esperado GPT-4, ofereceu melhorias incrementais em relação à anterior. Embora os detalhes técnicos completos e o número de parâmetros não fossem tão divulgados como nas versões anteriores, sabe-se que o GPT-3.5 apresentou refinamentos na compreensão e na geração de texto, melhorando especialmente em tarefas de raciocínio lógico e matemático. Esse modelo serviu como um passo essencial na preparação para futuras evoluções mais significativas.

Além do GPT-3.5: antecipando o futuro

A evolução contínua dos modelos GPT sugere um futuro promissor para o GPT-4 e além. Espera-se que essas futuras versões continuem a expandir os limites do que é possível com a IA em termos de número de parâmetros, capacidade de generalização e eficiência energética. Além disso, questões como a ética na IA, a minimização de viés e o aumento da acessibilidade serão provavelmente focos importantes, à medida que esses modelos se tornam mais integrados em diversos setores da sociedade.

8.5 Imagens com GPT

A criação de imagens usando modelos baseados na arquitetura *Generative Pre-trained transformer* (GPT) representa um desenvolvimento intrigante na interseção de processamento de linguagem natural (NLP) e visão computacional. Essa abordagem expande a funcionalidade dos modelos GPT, tradicionalmente usados para tarefas de texto, permitindo-lhes gerar representações visuais por meio de descrições textuais. Esse texto técnico explora os fundamentos, desafios e implicações desta aplicação fascinante.

A geração de imagens por modelos como o GPT geralmente envolve uma combinação de NLP e técnicas de inteligência artificial generativa, como as redes generativas adversariais (GANs) ou *variational autoencoders* (VAEs). Esses modelos são treinados para entender descrições textuais e traduzi-las em imagens visuais coerentes. A ideia é mapear as complexidades e nuances do texto em um espaço visual que corresponda ao conteúdo e contexto descrito.

O processo se inicia com o pré-treinamento do modelo em grandes *datasets* de texto para aprender a linguagem de forma abrangente. Em seguida, utiliza-se um segundo conjunto de treinamento, que inclui pares de texto e imagens correspondentes, permitindo ao modelo aprender a correlação entre descrições textuais e suas representações visuais. Esse treinamento cruzado entre texto e imagem é importante para a capacidade do modelo de gerar visualizações precisas a partir de entradas textuais.

Figura 8.2: Imagem aleatória gerada com GPT

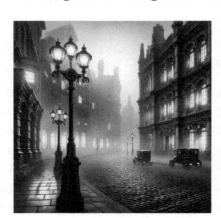

Fonte: gerado em OpenAI, 2024.

A criação de imagens por meio de texto por modelos GPT enfrenta vários desafios técnicos significativos:

- Complexidade de interpretação: converter texto em imagens requer uma compreensão profunda não apenas do significado literal das palavras, mas também de contextos, subtextos e conotações culturais.
- Qualidade e diversidade das imagens: assegurar que as imagens geradas não apenas representem precisamente o texto, mas também sejam variadas e de alta qualidade visual, é um desafio contínuo.
- Limitações de treinamento: a quantidade e qualidade dos dados de treinamento disponíveis podem limitar a eficácia do modelo. Datasets de treinamento devem ser extensos e diversificados para cobrir uma ampla gama de possíveis entradas textuais.

Já as aplicações da geração de imagens por modelos GPT podem ser diversas e impactantes:

- Educação e pesquisa: facilitar a visualização de conceitos complexos em disciplinas como história, ciência e medicina.
- Mídia e entretenimento: auxiliar na criação de artes gráficas, animações e outros conteúdos visuais para jogos, filmes e televisão.
- Design e prototipagem: acelerar o processo de *LASSO* ao converter descrições de produtos ou ideias em representações visuais preliminares.

8.6 Desafios técnicos dos modelos GPT

Os modelos *Generative Pre-trained transformers* (GPT) têm demonstrado uma capacidade notável de entender e gerar texto, tornando-se uma ferramenta valiosa em diversas aplicações de inteligência artificial. No entanto, apesar de suas várias vantagens, eles enfrentam desafios técnicos significativos que podem afetar sua implementação e eficácia. Discutiremos em detalhes esses desafios, incluindo a necessidade de grandes quantidades de dados de treinamento, os custos computacionais elevados associados e os problemas de generalização que esses modelos frequentemente enfrentam.

Um dos principais desafios na implementação de modelos GPT é a necessidade de vastas quantidades de dados de treinamento. Eles são treinados usando uma técnica chamada aprendizado não supervisionado, que requer grandes *corpora* de texto para aprender com eficácia a estrutura e a complexidade da linguagem humana. Esses dados precisam ser variados e abrangentes para cobrir um espectro amplo de linguagem, tópicos e estilos.

Os modelos GPT, especialmente as versões mais recentes como o GPT-3, são conhecidos por seus requisitos extremos de poder computacional. Com centenas de bilhões de parâmetros, o treinamento desses modelos requer uma infraestrutura de *hardware* significativa, que muitas vezes inclui *cluster*s de GPUs ou TPUs de alta potência.

A generalização é a capacidade de um modelo de aplicar o que foi aprendido a novos dados que não foram vistos durante o treinamento. Modelos GPT podem enfrentar dificuldades em generalizar adequadamente, especialmente quando são expostos a situações ou contextos muito diferentes daqueles de seus dados de treinamento.

A seguir, algumas implicações envolvendo o treinamento e operação desses modelos:

- Acesso a dados: a obtenção de grandes *datasets* que são representativos e livres de vieses pode ser desafiadora e cara.
- Viés nos dados: dados de treinamento podem conter vieses implícitos, que são subsequentemente aprendidos pelo modelo, levando a resultados potencialmente tendenciosos ou prejudiciais.
- *Overfitting*: modelos GPT grandes podem se ajustar demais aos dados de treinamento, resultando em uma performance pobre em dados novos ou não vistos.
- Adaptação a domínios específicos: a capacidade de adaptar um modelo treinado genericamente a um domínio específico sem um ajuste fino extensivo pode ser limitada.
- Interpretabilidade e transparência: a natureza "caixa-preta" dos modelos GPT torna difícil entender como as decisões são feitas, o que é crítico para aplicações em campos como medicina e direito.
- Segurança e privacidade: existe o risco de que modelos GPT possam gerar ou divulgar informações sensíveis, inadvertidamente, baseadas nos dados aos quais foram expostos durante o treinamento.
- Barreiras de entrada: o alto custo do *hardware* e do tempo de computação limita a capacidade de indivíduos ou organizações menores de desenvolver ou até mesmo de refinar modelos grandes.
- Impacto ambiental: o uso extensivo de recursos computacionais tem um impacto ambiental substancial, contribuindo para a pegada de carbono.

CAPÍTULO 9:
BERT

9.1 Introdução ao BERT

O BERT (*bidirectional encoder representations from transformers*) representa um avanço significativo na área de processamento de linguagem natural (PLN). Desenvolvido pelo Google AI Language em 2018, o BERT revolucionou a maneira como os modelos de linguagem natural entendem o contexto humano.

O modelo foi introduzido em um artigo intitulado "BERT: Pre-Training of Deep Bidirectional *Transformers* for Language Understanding", por Jacob Devlin e sua equipe do Google AI. O modelo foi construído sobre o sucesso dos *transformers*, uma arquitetura que depende de mecanismos de atenção para gerar uma representação contextual de palavras em um texto. A inovação principal do BERT foi sua capacidade de prever palavras em um contexto bidirecional, o que é uma mudança significativa em relação aos modelos anteriores que predominantemente focavam prever palavras com base nas anteriores (unidirecional).

Figura 9.1: BERT aos "olhos" do GPT

Fonte: gerado em OpenAI, 2024.

O BERT é distinto em várias maneiras:

- Treinamento bidirecional: ao contrário de modelos anteriores, como o OpenAI GPT, que apenas consideram o contexto anterior (esquerda para direita) ou subsequente (direita para esquerda) ao prever uma palavra, o BERT é treinado de forma bidirecional. Isso significa que ele considera o contexto completo (ambos os lados de uma palavra) ao fazer previsões. Essa abordagem bidirecional permite que o modelo capture um entendimento mais rico e matizado do uso da linguagem.
- Treinamento de modelo de máscara (*masked model training*): durante o treinamento, algumas palavras do texto de entrada são substituídas aleatoriamente por um *token*

especial "[MASK]". O objetivo é prever a palavra original com base no contexto fornecido pelas outras palavras não mascaradas da sequência. Esse método de treinamento permite que o modelo refine seu entendimento de como as palavras estão relacionadas entre si.

- *Next sentence prediction* (NSP): além de prever palavras com base em máscaras, o BERT também é treinado para prever se uma sentença é o seguimento lógico de outra. Isso é útil em tarefas que requerem uma compreensão profunda da relação entre sentenças consecutivas, como resumo e resposta a perguntas.

Desde sua introdução, o BERT tem sido utilizado para estabelecer novos padrões de desempenho em várias tarefas de PLN, como classificação e compreensão de texto, além da análise de sentimentos. A capacidade do modelo de entender o contexto e a relação entre todas as partes de um texto o torna extremamente poderoso para processar e analisar grandes quantidades dele em uma variedade de aplicações. BERT não é apenas um avanço tecnológico em PLN, mas também uma demonstração da evolução contínua em como as máquinas podem aprender a entender e processar linguagem humana de maneira eficaz.

9.2 Arquitetura do *transformer*

A arquitetura do *transformer*, fundamental para o desenvolvimento de modelos de processamento de linguagem natural como o BERT, representa uma mudança significativa em relação às abordagens anteriores em inteligência artificial.

Os *transformer*s foram introduzidos em 2017 no artigo *Attention is All You Need* pelos pesquisadores do Google. Eles propuseram um modelo baseado exclusivamente em mecanismos de atenção, dispensando a necessidade de redes recorrentes. A ideia central é que a atenção, um método para pesar a influência de diferentes palavras na representação de uma dada palavra em um processo de tradução, pode ser mais eficaz e eficiente do que as abordagens tradicionais baseadas em redes neurais recorrentes.

A arquitetura do *transformer* é composta principalmente de duas partes: o codificador e o decodificador. Cada um desses componentes é construído a partir de uma série de blocos idênticos que incluem mecanismos de atenção multicabeça e redes neurais totalmente conectadas. No entanto, é a parte do codificador que nos interessa especialmente para entender o BERT e sua capacidade de codificação bidirecional.

Codificação bidirecional do *transformer*

A essência do *transformer* reside em seu mecanismo de atenção multicabeça, que permite ao modelo observar todo o texto de entrada ao mesmo tempo, diferentemente das abordagens sequenciais que processam palavra por palavra. Esse método permite que cada palavra no texto seja representada tanto à esquerda quanto à direita, diferentemente dos modelos anteriores que consideravam apenas o contexto precedente. Isso é o que chamamos de codificação bidirecional.

No *transformer*, a atenção é calculada usando três conjuntos de pesos: as consultas (*queries*), as chaves (*keys*) e os valores (*values*). Cada palavra no texto de entrada é transformada em um conjunto de consultas, chaves e valores por meio de matrizes de peso aprendidas durante o treinamento. A atenção que uma palavra recebe de outra é determinada pelo produto escalar entre as consultas de uma e as chaves de outra, o que resulta em um peso que indica a importância relativa de cada palavra para a representação da outra.

Quando aplicamos essa arquitetura no BERT, o uso de atenção bidirecional permite que o modelo preveja eficientemente um *token* com base no contexto completo de uma sentença, tornando o BERT excepcionalmente poderoso para tarefas que requerem um entendimento contextual profundo. Isso é particularmente útil em tarefas como preenchimento de lacunas e compreensão de texto, em que entender o contexto antes e depois de uma palavra é essencial.

O mecanismo de codificação bidirecional do *transformer* é o que diferencia o BERT de outros modelos que não podem integrar de forma tão eficiente e profunda o contexto bilateral dos dados de entrada. Esta capacidade não apenas melhora a performance em tarefas específicas de PLN, mas também abre novas possibilidades para a aplicação de modelos de linguagem natural em áreas como sumarização automática, análise de sentimentos e até mesmo em sistemas interativos de diálogo, nas quais o contexto é crucial para a geração de respostas apropriadas e relevantes.

Em suma, a arquitetura do *transformer* é uma inovação fundamental no campo da inteligência artificial, permitindo avanços significativos no processamento de linguagem natural. Com sua capacidade de codificação bidirecional, o *transformer* oferece uma base robusta para o desenvolvimento de modelos mais avançados e eficazes, como o BERT, destacando-se como uma das arquiteturas mais influentes da atualidade.

9.3 Pré-treinamento e tarefas de treinamento do BERT

O modelo BERT, uma das arquiteturas de processamento de linguagem natural mais influentes, é notável não apenas por sua estrutura baseada em *transformer*, mas também pelo método inovador de pré-treinamento que emprega.

Modelagem de linguagem mascarada (MLM)

O pré-treinamento do BERT começa com a tarefa de Modelagem de Linguagem Máscara (MLM), que é projetada para ajudar o modelo a entender o contexto da linguagem de uma forma bidirecional. Tradicionalmente, os modelos de linguagem eram treinados para prever a próxima palavra em uma sequência, limitando seu entendimento ao contexto anterior (à esquerda da palavra). No entanto, o MLM permite que o BERT efetivamente enxergue ambos os lados do contexto ao prever uma palavra.

Conforme vimos na Seção 9.1, durante o MLM, 15% das palavras em cada sentença do texto de treinamento são substituídas aleatoriamente por um *token* especial "[MASK]". Esse método de treinamento ajuda o BERT a desenvolver uma compreensão profunda das relações e estruturas linguísticas, capacitando-o a entender e prever a linguagem de forma mais holística.

Predição de próxima sentença (NSP)

A segunda tarefa de pré-treinamento do BERT é a predição de próxima sentença (NSP), que visa ensinar o modelo a entender as relações entre as sentenças. Para essa tarefa, o modelo recebe pares de sentenças como entrada e deve prever se a segunda sentença é a continuação lógica da primeira. Durante o treinamento, metade dos pares são de sentenças consecutivas do *corpus*, enquanto a outra contém a segunda sentença aleatoriamente substituída por uma de outro lugar no *corpus*.

A NSP é fundamental para tarefas que requerem um bom entendimento das relações entre sentenças, como respostas a perguntas e inferências. Ao aprender a identificar as sentenças estão logicamente conectadas, o BERT melhora sua capacidade de compreender e gerar textos que são coerentes e contextualmente relevantes.

Importância do pré-treinamento

O processo de pré-treinamento utilizando MLM e NSP é essencial para a eficácia do BERT em tarefas subsequentes de processamento de linguagem natural. Ao ser pré-treinado em um vasto *corpus* de texto, o BERT desenvolve uma base de conhecimento linguístico ampla e diversificada, o que o capacita a ser finamente ajustado para tarefas específicas com relativamente poucos dados adicionais de treinamento.

Este método de pré-treinamento não apenas torna o BERT um modelo de linguagem poderoso, mas também demonstra uma abordagem mais eficiente para treinar modelos de IA em compreensão de linguagem. A habilidade de entender o contexto de forma bidirecional e de perceber relações entre sentenças são capacidades que definem o BERT e permitem que ele seja aplicado com sucesso em uma variedade de aplicações de PLN, desde sistemas de recomendação até interfaces conversacionais avançadas.

9.4 Fine-tuning do BERT

O modelo BERT (*bidirectional encoder representations from transformers*) tem sido uma revolução no campo do processamento de linguagem natural (PLN) devido à sua capacidade de ser adaptado para uma ampla variedade de tarefas específicas de PLN por meio de um processo conhecido como *fine-tuning*.

Após o pré-treinamento em um grande *corpus* de texto, o BERT tem uma compreensão geral da linguagem que é útil para uma variedade de contextos. No entanto, para excelência em tarefas específicas, ele precisa ter um ajuste fino – isto é, retreinado em um conjunto de dados menor que é diretamente relevante para a tarefa em questão. O *fine-tuning* ajusta os pesos pré-treinados do modelo para que ele se torne mais especializado nos tipos de padrões e nuances que são importantes para tarefas específicas.

Classificação de texto

Na classificação de texto, o objetivo é atribuir uma ou mais categorias a um texto baseado em seu conteúdo. Para ajustar o BERT a essa tarefa, adiciona-se uma camada de saída ao modelo, especificamente projetada para classificação. O modelo é então treinado em um conjunto de textos cujas categorias são conhecidas, permitindo que ele aprenda a associar padrões no texto a etiquetas específicas. Essa aplicação do BERT tem sido usada com sucesso em sistemas de análise de sentimentos, filtragem de *spam* e categorização de conteúdo.

O *fine-tuning* do BERT para a tarefa de resposta à perguntas envolve treinar o modelo para identificar a parte de um texto que contém a resposta a uma pergunta formulada. Isso é feito introduzindo um conjunto de dados de perguntas e os trechos de texto correspondentes que contêm as respostas. O modelo aprende a prever quais segmentos do texto são mais prováveis de responder à pergunta apresentada. Essa capacidade tem implicações significativas para a construção de assistentes virtuais e sistemas de busca que podem fornecer respostas diretas a consultas de usuários.

No reconhecimento de entidades nomeadas, o BERT é ajustado para identificar e classificar nomes de pessoas, organizações, locais e outras informações específicas dentro do texto. Similar à classificação de texto, uma camada de saída é adicionada para categorizar cada palavra de acordo com sua entidade correspondente ou como parte do fundo. O treinamento envolve ensinar o modelo a discernir e etiquetar essas entidades de maneira precisa, o que é fundamental para tarefas que envolvem extração de informações, como a compilação de dados para alimentar bases de conhecimento.

Além disso, o *fine-tuning* do BERT permite que um único modelo de linguagem-base seja adaptado para excelência em tarefas muito específicas, maximizando a utilidade do pré-treinamento ao reduzir a necessidade de treinamento extensivo a partir do zero para cada nova aplicação. Isso não apenas economiza tempo e recursos computacionais, mas também melhora o desempenho, já que o modelo ajustado pode tirar proveito do rico entendimento contextual adquirido durante o pré-treinamento.

Essa técnica de treinamento do BERT exemplifica uma abordagem eficiente e flexível para a aplicação de modelos de PLN. Ajustando o modelo a tarefas específicas, os desenvolvedores podem aproveitar os avanços no aprendizado profundo para criar sistemas de PLN que são ao mesmo tempo poderosos, precisos e adaptáveis a uma ampla gama de necessidades.

9.5 Variantes do BERT

Desde a introdução do BERT (*bidirectional encoder representations from transformers*) pelo Google em 2018, algumas variantes foram desenvolvidas para melhorar e adaptar o modelo original a diferentes necessidades e capacidades computacionais.

RoBERTa: uma versão otimizada do BERT

RoBERTa, que significa *"robustly optimized BERT pretraining approach"*, é uma modificação que foi projetada para melhorar o desempenho do modelo por meio de um treinamento mais refinado. Desenvolvido pelos pesquisadores do Facebook AI, essa versão modifica o processo de pré-treinamento do BERT de várias maneiras significativas: aumenta o tamanho do conjunto de dados de treinamento e do lote, remove a tarefa de predição de próxima sentença, treina o modelo por mais tempo sobre mais dados e ajusta a taxa de mascaramento de palavras. Essas mudanças resultaram em um modelo que supera o BERT em muitas tarefas de *benchmarking* de processamento de linguagem natural.

DistilBERT: uma versão destilada do BERT

DistilBERT é uma versão simplificada projetada para ser mais leve e mais rápida, enquanto mantém uma grande parte da eficácia do modelo original. Desenvolvido pela Hugging Face, o DistilBERT utiliza uma técnica conhecida como "destilação de conhecimento" durante o treinamento, que envolve um modelo maior e mais complexo (o professor) ensinando um menor (o aluno). Isso é realizado pela reprodução das saídas do modelo maior pelo menor. O DistilBERT tem cerca de 40% menos parâmetros que o BERT e pode ser até 60% mais rápido, tornando-se mais adequado para ambientes com recursos limitados ou nos quais a velocidade de inferência é primordial.

ALBERT: um BERT lite aumentado

ALBERT, que significa "*a lite BERT*", é uma versão aprimorada projetada para reduzir a memória e melhorar a escalabilidade do treinamento do modelo. Os pesquisadores do Google introduziram inovações como a fatorização da matriz de embedding e a compartilhamento de parâmetros entre camadas, que diminuem significativamente o número de parâmetros do modelo sem sacrificar o desempenho. Além disso, o ALBERT incorpora uma autossupervisão na camada de saída para aprimorar ainda mais o treinamento e a aprendizagem do contexto das palavras. Essas mudanças tornam essa versão substancialmente mais eficiente em termos de uso de memória e mais eficaz em tarefas de PLN que requerem maior capacidade de generalização.

Outras variantes

Além de RoBERTa, DistilBERT e ALBERT, existem outras variantes do BERT que também foram desenvolvidas para atender a necessidades específicas. Por exemplo, o ERNIE, desenvolvido pela Baidu, e o SpanBERT, que melhora a modelagem de relacionamentos entre texto, ampliando o foco do treinamento para incluir não apenas as palavras mascaradas, mas também o contexto entre as palavras-chave.

Cada uma dessas variantes do BERT traz suas próprias inovações e adaptações, respondendo a diferentes desafios e necessidades da comunidade de processamento de linguagem natural. Juntas, elas demonstram a versatilidade e adaptabilidade dos modelos baseados em *transformer* e como eles continuam a impulsionar os limites do que é possível em inteligência artificial.

9.6 Desafios e limitações do BERT

Um dos maiores desafios associados ao BERT é a sua exigência por recursos computacionais substanciais. O modelo original do BERT, por exemplo, tem 110 milhões de parâmetros na sua versão-base e até 340 milhões de parâmetros na sua versão *large*. Treinar tais modelos exige não apenas uma quantidade significativa de dados de treinamento, mas também *hardware* especializado, como GPUs de alta capacidade ou TPUs (*tensor processing units*), que podem ser proibitivamente caros para pesquisadores independentes ou pequenas organizações.

Além disso, o processo de treinamento é notoriamente demorado, muitas vezes exigindo várias horas ou até dias, dependendo da complexidade do modelo e do volume de dados. Essa necessidade de *hardware* especializado e o tempo extenso de treinamento limitam a acessibilidade e a escalabilidade do uso do BERT, especialmente em ambientes com recursos limitados.

Dificuldades em lidar com a ambiguidade da linguagem

Outro desafio significativo no uso do BERT é a sua capacidade de lidar com a ambiguidade inerente à linguagem natural. A linguagem humana é complexa e repleta de nuances, com muitas palavras e frases que têm múltiplos significados, dependendo do contexto em que são usadas. Apesar de o BERT ser projetado para entender o contexto bidirecional das palavras dentro de um texto, ainda existem limitações quanto à sua habilidade de resolver completamente as ambiguidades linguísticas.

Por exemplo, palavras com múltiplos sentidos (polissemias) ou o uso de ironia e sarcasmo podem ser particularmente desafiadores para o BERT, assim como para outros modelos de PLN. Isso se deve, em parte, à forma como o modelo foi treinado – predominantemente em texto escrito, em que sinais não verbais de comunicação, como tom de voz e expressões faciais, não estão presentes para ajudar a interpretar o significado.

Impacto do pré-treinamento e generalização

A eficácia do BERT depende fortemente da qualidade e da abrangência dos dados usados no seu pré-treinamento. Se o conjunto de dados de pré-treinamento não for suficientemente diversificado ou se for tendencioso de alguma forma, isso pode limitar a capacidade do modelo de generalizar para novos textos ou contextos. Essa dependência do pré-treinamento torna importante a seleção de um conjunto de dados abrangente e representativo, o que nem sempre é possível ou prático.

Enquanto o BERT e suas variantes continuam a ser algumas das ferramentas mais poderosas em processamento de linguagem natural, os desafios associados ao seu uso não são triviais. A necessidade de *hardware* de alta potência, o tempo de treinamento prolongado, e as dificuldades em lidar com a complexidade e ambiguidade da linguagem natural são barreiras significativas que pesquisadores e desenvolvedores devem considerar. Reconhecer e abordar esses desafios é essencial para avançar no campo da inteligência artificial e melhorar a aplicação prática de modelos como o BERT.

CAPÍTULO 10:
LÓGICA *FUZZY*

10.1 Princípios básicos

A lógica *fuzzy*, desenvolvida por Lotfi A. Zadeh na década de 1960, representa uma expansão e um desafio ao rigor da lógica clássica que dominou o pensamento matemático e filosófico. Ao contrário da tradicional, que opera com valores absolutos de verdadeiro e falso, a lógica *fuzzy* introduz graus de verdade, proporcionando uma forma mais flexível e realista de representação do conhecimento e das decisões em sistemas inteligentes.

Lotfi A. Zadeh, professor da Universidade da Califórnia em Berkeley, publicou seu trabalho seminal "Fuzzy Sets" em 1965, que marcou o nascimento da lógica *fuzzy*. O matemático observou que as pessoas raramente pensam em termos de zeros e uns, mas sim em uma gama de possibilidades que não são facilmente representadas pela lógica clássica. Seu trabalho inicial enfrentou resistência na comunidade acadêmica, mas eventualmente ganhou aceitação à medida que suas aplicações práticas se tornaram evidentes, especialmente no Japão e na Europa nas décadas de 1980 e 1990.

Os conjuntos *fuzzy* são uma extensão dos clássicos; eles permitem graus de pertinência variáveis entre 0 e 1, e não apenas categorias rígidas de pertencimento ou não pertencimento. As funções de pertinência definem como cada ponto no conjunto é mapeado para um grau de verdade. Por exemplo, em um conjunto *fuzzy* descrevendo a temperatura como "quente", 30 °C pode ter um grau de pertinência de 0.8 ao conjunto "quente", enquanto 25 °C apenas 0.3.

Enquanto a lógica clássica é binária, a lógica *fuzzy* pode ser visualizada como um espectro de possibilidades. Isso é fundamental em aplicações em que a informação é incompleta ou incerta. Por exemplo, sistemas de controle de climatização usam lógica *fuzzy* para ajustes finos que seriam difíceis de modelar com precisão usando apenas lógica binária.

Figura 10.1: Representação de incerteza

Fonte: gerado em OpenAI, 2024.

A lógica *fuzzy* é um componente crucial na modelagem de sistemas que imitam o raciocínio humano e a tomada de decisões na presença de incerteza. Seu desenvolvimento continua a impulsionar avanços significativos na inteligência artificial, facilitando aplicações que vão desde robótica até sistemas de assistência ao motorista. Ela é, uma expansão crítica da lógica binária tradicional, oferecendo uma abordagem mais granular e adaptativa para a representação da verdade.

Definição de conjuntos *fuzzy*

Um conjunto *fuzzy* é uma classe de objetos com um continuum de graus de pertinência. Esses conjuntos são caracterizados por uma função de pertinência que atribui a cada elemento um grau de verdade entre 0 e 1. Esse grau representa a "veracidade" com a qual um elemento pertence ao conjunto. Diferentemente dos conjuntos clássicos, em que um elemento ou pertence ou não a um conjunto (0 ou 1), os conjuntos *fuzzy* permitem uma transição suave de pertinência, refletindo a maneira como os humanos percebem muitas das categorias do mundo real.

Exemplo: considere o conjunto "temperaturas altas" em um sistema de controle climático. Em vez de definir uma temperatura específica como alta ou não, um conjunto *fuzzy* permite gradações: 28 °C pode ter um grau de pertinência de 0.7, enquanto 35 °C pode ter um grau de 1.0.

As operações básicas em conjuntos *fuzzy* são semelhantes às da teoria dos conjuntos clássicos, mas são adaptadas para lidar com graus de pertinência variáveis.

- União de conjuntos *fuzzy*: a união de dois conjuntos *fuzzy* A e B, denotada por $A \cup B$, é definida pela máxima pertinência que um elemento possui em qualquer um dos conjuntos. Se um elemento x tem um grau de pertinência de 0.5 em A e 0.7 em B, então sua pertinência em $A \cup B$ será 0.7.

- Interseção de conjuntos *fuzzy*: a interseção, denotada por A∩BA∩B, é definida pelo menor grau de pertinência de um elemento nos conjuntos. Se x tem um grau de pertinência de 0.5 em A e 0.7 em B, então em A∩BA∩B, x terá uma pertinência de 0.5.

Complemento de um conjunto *fuzzy*: o complemento, denotado por ¬A¬A, é definido subtraindo o grau de pertinência de cada elemento em A de 1. Se um elemento x tem um grau de pertinência de 0.8 em A, seu grau de pertinência em ¬A¬A será 0.2.

Exemplos básicos de conjuntos e operações

Para ilustrar melhor, consideremos exemplos práticos:

- Conjunto *fuzzy* A: "temperaturas moderadas", com função de pertinência definida como 20 °C (0.1), 25 °C (0.7), e 30 °C (0.9).
- Conjunto *fuzzy* B: "temperaturas baixas", com função de pertinência 10 °C (0.9), 15 °C (0.7), e 20 °C (0.2).

Operação de união:

- União de A e B para 20 °C resultaria em max (0.1, 0.2)=0.2.

Operação de interseção:

- Interseção de A e B para 15 °C resultaria em min (0, 0.7)=0.

Operação de complemento:

- Complemento de B para 10°C seria 1 − 0.9 = 0.1.

Esses exemplos demonstram como as operações em conjuntos *fuzzy* permitem uma abordagem mais flexível e realista, especialmente útil em campos nos quais a incerteza e a imprecisão são inerentes, como em sistemas de controle inteligentes e na tomada de decisões automatizada.

10.2 Sistemas de inferência *fuzzy*

Um sistema de inferência *fuzzy* aplica princípios da lógica *fuzzy* para mapear um conjunto de entradas, por meio de processos de decisão baseados em regras, para um conjunto de saídas. O ojetivo é imitar o processo de raciocínio humano, permitindo decisões em ambientes em que as informações podem não ser precisas ou totalmente conhecidas.

Figura 10.2: Inferência *fuzzy*, em que não temos valores de definição

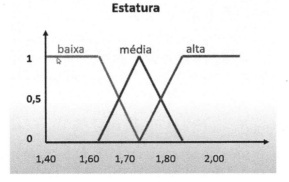

Fonte: Elaborada pelo autor.

Componentes de um sistema de inferência *fuzzy*

Variáveis de entrada

As variáveis de entrada são os parâmetros que influenciam a decisão do sistema. Cada uma é medida e convertida em um valor *fuzzy* por meio de funções de pertinência.

Funções de pertinência

Estas funções definem como cada valor de entrada se relaciona com os graus de verdade em termos *fuzzy*. Elas são essenciais para transformar dados numéricos precisos em valores *fuzzy* que representam conceitos como "alto", "médio" ou "baixo".

Regras *fuzzy*

As regras *fuzzy* são declarações condicionais que descrevem como as variáveis de entrada interagem para produzir uma saída. Elas seguem a forma "SE condição ENTÃO resultado", com condição e resultado expressos em termos de conjuntos *fuzzy*.

Processamento de regras

Esta etapa combina os valores *fuzzy* das variáveis de entrada conforme definido pelas funções de pertinência com as regras *fuzzy* para determinar um conjunto de resultados possíveis.

Defuzzificação

A saída de um sistema de inferência *fuzzy* geralmente é um número *fuzzy*. A defuzzificação é o processo de conversão dessa saída em um valor preciso, utilizando métodos como o do centroide, que calcula o centro de massa do conjunto de saída.

Para ilustrar um sistema de inferência *fuzzy*, consideremos um sistema de controle de temperatura simples.

Variáveis de entrada:

- Temperatura atual (T)

Funções de pertinência:

- Baixa (0-18 °C)
- Média (16-24 °C)
- Alta (22-30 °C)

Regras *fuzzy*:

- SE temperatura é baixa ENTÃO aquecedor ligado
- SE temperatura é média ENTÃO aquecedor desligado
- SE temperatura é alta ENTÃO ar-condicionado ligado

Processamento de regras:

Se a temperatura atual é de 20 °C, ela seria considerada como média (0.5) e baixa (0.25). As regras aplicáveis seriam então avaliadas para determinar a ação.

Defuzzificação:

Se o resultado é uma combinação de "aquecedor ligado" (peso 0.25) e "aquecedor desligado" (peso 0.5), a defuzzificação poderia resultar na decisão de manter o aquecedor desligado ou em um estado de baixa potência.

Esse exemplo mostra como um sistema de inferência *fuzzy* pode efetivamente lidar com a imprecisão e ambiguidade das entradas para fornecer uma saída controlada e adequada. Tais sistemas são amplamente aplicados em automação residencial, veículos autônomos, e muitas outras áreas críticas da inteligência artificial moderna.

10.3 Aplicações da lógica *fuzzy*

No campo do controle automotivo, a lógica *fuzzy* é usada para melhorar a segurança e a eficiência dos veículos. Sistemas de controle de estabilidade, por exemplo, usam essa lógica para interpretar dados de sensores variáveis, como velocidade, ângulo do volante e aceleração lateral. Essa interpretação permite que o sistema faça ajustes sutis no controle do veículo para manter a estabilidade em condições de condução diversas e incertas.

Na robótica, a lógica *fuzzy* é aplicada para permitir que robôs realizem tarefas complexas em ambientes não estruturados. Robôs equipados com sensores *fuzzy* são capazes de interpretar dados sensoriais que variam em graus de certeza, como a distância até um objeto ou a força necessária para agarrar um item sem causar danos. Isso permite uma maior adaptabilidade e precisão nas operações robóticas, essencialmente imitando a capacidade humana de tomar decisões baseadas em informações imperfeitas.

Sistemas de recomendação tiram proveito da lógica *fuzzy* para personalizar conteúdo de maneira mais eficaz. Ao avaliar a interação dos usuários com diferentes tipos de conteúdo, a lógica *fuzzy* permite estimar as preferências dos usuários de maneira mais nuançada. Isso resulta em recomendações que refletem não apenas as escolhas passadas do usuário, mas também a incerteza e a variação nas preferências do usuário ao longo do tempo.

Assistentes inteligentes, como aqueles encontrados em *smartphones* e dispositivos domésticos inteligentes, também se utilizam desta lógica para interpretar comandos de voz e intenções do usuário. A capacidade de processar linguagem natural com uma abordagem *fuzzy* permite que esses assistentes entendam e respondam a comandos que podem ser vagos ou ter múltiplos significados, proporcionando uma experiência de usuário mais natural e eficaz.

Benefícios em termos de flexibilidade e tolerância a incertezas

A maior vantagem da lógica *fuzzy* é sua flexibilidade e a capacidade de funcionar bem em ambientes incertos. Ao contrário dos sistemas baseados em lógica binária, que exigem precisão e certeza, esses sistemas são projetados para tolerar ambiguidade e imprecisão. Isso os torna ideais para aplicações em que as variáveis de entrada podem ser difíceis de quantificar precisamente ou em que as condições podem mudar rapidamente.

Desafios e limitações da lógica *fuzzy*

Embora a lógica *fuzzy* seja uma ferramenta poderosa para modelar incertezas e tomar decisões em ambientes complexos, ela não está isenta de desafios e limitações. Nos próximos tópicos, exploraremos algumas das principais dificuldades associadas à definição de funções de pertinência, as limitações relacionadas à escala e precisão dos sistemas *fuzzy*, e como essas características se comparam a outras técnicas de inteligência artificial, como redes neurais e aprendizado profundo.

Figura 10.3: Representação de três sentimentos diferentes para um mesmo valor

Fonte: gerado em OpenAI, 2024.

Desafios na definição de funções de pertinência

A definição de funções de pertinência é fundamental para o funcionamento eficaz de um sistema de inferência *fuzzy*. Essas funções, que determinam o grau com que os *inputs* se encaixam em certas categorias, devem ser cuidadosamente calibradas para refletir a realidade do domínio aplicado. No entanto, essa calibragem pode ser desafiadora por várias razões:

- Subjetividade: a seleção de funções de pertinência muitas vezes depende de julgamentos subjetivos de especialistas, que podem variar significativamente entre indivíduos.
- Complexidade da modelagem: em situações complexas, pode ser difícil modelar funções de pertinência que sejam precisas e ao mesmo tempo flexíveis o suficiente para lidar com a variabilidade dos dados reais.
- Sensibilidade aos dados: as funções de pertinência podem ser altamente sensíveis às mudanças nos dados de entrada, requerendo ajustes constantes para manter a eficácia do sistema.

Os sistemas *fuzzy* enfrentam desafios significativos quanto à escalabilidade e precisão:

- Escala: à medida que a quantidade de variáveis e regras em um sistema *fuzzy* aumenta, o processamento pode se tornar bastante lento, especialmente em comparação com outras técnicas de IA que lidam melhor com grandes volumes de dados.
- Precisão: embora a lógica *fuzzy* seja útil para capturar incertezas, ela nem sempre proporciona o nível de precisão que pode ser alcançado com outros modelos de IA, particularmente em tarefas que exigem decisões extremamente precisas.

Comparação com outras técnicas de IA

Comparada com outras técnicas de IA, como redes neurais e aprendizado profundo, a lógica *fuzzy* tem vantagens e desvantagens distintas:

- Flexibilidade *versus* precisão: enquanto a lógica *fuzzy* é excepcional em tratar da ambiguidade e flexibilidade, as redes neurais oferecem vantagens em termos de aprendizado de padrões complexos e precisão em grandes conjuntos de dados.
- Transparência: um ponto forte da lógica *fuzzy* é a transparência de suas operações, contrastando com a natureza frequentemente "caixa-preta" das redes neurais, em que as decisões e processos internos não são facilmente interpretáveis.
- Implementação e treinamento: redes neurais requerem grandes quantidades de dados e poder computacional significativo para treinamento, ao passo que sistemas *fuzzy* podem ser mais simples de implementar e exigem menos dados para começar a operar efetivamente.

CAPÍTULO 11:
ÉTICA, MORAL E APLICAÇÕES RESPONSÁVEIS

11.1 Contexto de certo e errado em IA

A inteligência artificial (IA) tem permeado diversos aspectos de nossas vidas, transformando desde processos industriais até interações pessoais. Com essa integração crescente, surge a necessidade imperativa de discutir ética, moral e responsabilidade nas aplicações de IA. Nas próximas seções, exploraremos esses temas, abordando como os desenvolvedores, legisladores e usuários de sistemas baseados em IA podem garantir que essa tecnologia seja usada de maneira benéfica e justa.

A ética em IA envolve um conjunto de princípios que orientam o desenvolvimento e uso de tecnologias de automação para maximizar os benefícios enquanto minimiza danos potenciais. A moralidade, por sua vez, refere-se ao conjunto de valores e crenças que guiam nossas decisões sobre o que é certo ou errado. No contexto da IA, isso se traduz em práticas que respeitam a dignidade humana e promovem o bem-estar social.

As aplicações responsáveis de IA não são apenas uma aspiração ética, mas uma necessidade prática, visto que decisões automatizadas hoje afetam tudo, desde oportunidades de emprego até decisões judiciais. Portanto, é crucial que essas tecnologias sejam desenvolvidas e implementadas com uma forte consideração ética e moral, assegurando que sejam justas, transparentes e inclusivas.

História e evolução do pensamento ético em tecnologia

A ética em tecnologia não é um conceito novo. Desde a revolução industrial, a sociedade tem enfrentado desafios éticos trazidos por novas tecnologias. No entanto, com o advento da IA, esses desafios se tornaram mais complexos e penetrantes. A ética nesse campo começou a ganhar destaque conforme os impactos potenciais dessa tecnologia sobre a privacidade, emprego e tomada de decisão tornaram-se mais evidentes.

Princípios éticos fundamentais

Cinco princípios éticos são frequentemente citados como fundamentais para a governança e desenvolvimento responsável da IA:

- Transparência: as operações dos sistemas de IA devem ser transparentes, permitindo que os usuários compreendam como as decisões são tomadas.
- Justiça: evitar vieses que possam levar a discriminação, assegurando que os sistemas de IA tratem todos os usuários de forma equitativa.
- Não maleficência: prevenir danos que possam ser causados pelo uso de IA, seja por erro ou má intenção.
- Responsabilidade: estabelecer quem é responsável pelos resultados produzidos pelos sistemas de IA.
- Privacidade: proteger os dados pessoais dos usuários e garantir que o uso de IA não comprometa a privacidade individual.

Esses princípios formam a base sobre a qual as discussões acerca de ética em IA devem ser construídas, orientando a criação de tecnologias que respeitem os direitos humanos e promovam um impacto social positivo.

11.2 Desafios éticos

Um dos desafios mais prementes na ética da IA é a questão do viés algorítmico. Os sistemas de IA são projetados e treinados com dados que podem refletir preconceitos humanos existentes. Isso resulta em modelos que podem perpetuar ou até ampliar essas tendências, resultando em discriminação em áreas críticas como contratação de funcionários, concessão de créditos e sistemas judiciais. Nesse sentido, abordar esses vieses requer uma análise cuidadosa dos conjuntos de dados utilizados, além de uma constante revisão dos resultados gerados pelos sistemas de IA para garantir justiça e igualdade.

Figura 11.1: Referência a um juiz robô

Fonte: gerado em OpenAI, 2024.

A questão da autonomia das máquinas *versus* o controle humano é central na ética da IA. Conforme os sistemas se tornam mais autônomos, surgem preocupações sobre a capacidade humana de entender, prever e controlar suas ações. Isso levanta questões éticas sobre confiança e segurança, especialmente em aplicações críticas como veículos autônomos e sistemas de armamento.

A segurança cibernética e a proteção da privacidade são enormes desafios éticos no uso da IA. Os riscos de violações de dados e ataques cibernéticos exigem que os desenvolvedores incorporem robustas medidas de segurança desde o início da criação dos sistemas. Além disso, a coleta e o uso de dados por sistemas de IA devem ser regulados para proteger a privacidade individual e evitar a exploração comercial indevida dessas informações.

A automação impulsionada pela IA tem o potencial de deslocar significativamente a força de trabalho. Embora possa aumentar a eficiência e reduzir custos, também pode levar à perda de empregos em larga escala, criando desafios éticos e econômicos. A responsabilidade ética aqui envolve a criação de estratégias para mitigar esses impactos, como o desenvolvimento de programas de requalificação e garantindo que os benefícios da automação sejam distribuídos de maneira justa.

Diversos países já implementaram ou estão em processo de formulação de legislação específica para regular o desenvolvimento e uso da IA. Essas leis visam abordar questões como privacidade, segurança e a responsabilidade pelos atos das máquinas. A legislação também busca estabelecer um quadro legal para incentivar inovações enquanto se protege o público contra possíveis danos.

A rápida evolução da tecnologia de IA apresenta um desafio significativo para os reguladores. As leis existentes muitas vezes são inadequadas para abordar as nuances específicas dessa tecnologia levando a um vácuo regulatório. Além disso, a natureza global da IA demanda uma cooperação internacional para criar normas e padrões consistentes, o que pode ser difícil de alcançar devido às diferenças culturais e econômicas entre países.

Países da União Europeia, os Estados Unidos e a China adotaram abordagens distintas para a regulamentação da IA. A União Europeia, por exemplo, tem enfatizado a proteção de dados e a privacidade, enquanto os Estados Unidos têm uma abordagem mais descentralizada, focada na inovação. A China, por sua vez, tem implementado políticas que visam tanto promover o desenvolvimento da IA quanto manter um controle rigoroso sobre sua aplicação.

11.3 Aplicações responsáveis

As aplicações responsáveis de inteligência artificial (IA) não são apenas uma questão de conformidade regulatória ou uma boa prática de negócios; são fundamentais para garantir que a tecnologia trabalhe em favor da sociedade. Este segmento abordará como integrar princípios éticos no desenvolvimento de IA, explorará exemplos práticos de IA promovendo o bem social e discutirá como as práticas éticas podem ser incorporadas efetivamente nas operações diárias das empresas de tecnologia. Ao considerar o desenvolvimento responsável, os impactos sociais positivos e a ética na prática, visamos fornecer um guia abrangente para a implementação de IA de maneira que beneficie a todos.

Ao se desenvolverem tecnologias de IA incorporar princípios éticos desde o início, é essencial para prevenir problemas futuros.

Transparência, justiça e responsabilidade devem ser consideradas não apenas como adições tardias, mas como componentes integrados do processo de desenvolvimento. A transparência permite que os usuários entendam como as decisões são tomadas pelos algoritmos, enquanto a justiça garante que esses sistemas não perpetuem vieses existentes ou criem outros. A responsabilidade, por sua vez, estabelece claramente quem é responsável pelos resultados produzidos pela IA.

Similar à engenharia civil, na qual a integridade estrutural de uma ponte é essencial para sua funcionalidade e segurança, a integridade ética de uma aplicação de IA é crucial para sua aceitação e eficácia. Assim como engenheiros usam normas rigorosas para garantir a segurança das estruturas, os desenvolvedores de IA devem aderir a padrões éticos rigorosos para garantir que suas criações atendam às necessidades da sociedade de maneira justa e segura.

Uma análise detalhada de uma plataforma de IA que ajuda na detecção precoce de doenças degenerativas pode ilustrar como os princípios éticos são implementados na prática. Esse sistema utiliza algoritmos treinados com dados diversificados e auditados regularmente para garantir que não existam vieses raciais ou de gênero, demonstrando o compromisso com a justiça e a não maleficência.

As práticas éticas devem ser parte integrante da cultura corporativa nas empresas de tecnologia. Isso inclui desde a formação e capacitação contínua dos funcionários em ética da IA até a implementação de mecanismos de revisão ética para novos projetos. Empresas líderes no setor de tecnologia estão estabelecendo comitês de ética que avaliam não apenas a viabilidade técnica, mas também as implicações éticas de seus projetos. A jornada para uma IA ética e responsável é contínua e requer dedicação, vigilância e um compromisso inabalável com os valores morais.

Encorajamos todos os envolvidos na indústria a adotarem essas práticas, não apenas como um imperativo ético, mas como uma estratégia essencial para o sucesso em longo prazo. A IA responsável não é apenas uma aspiração; é um requisito para um futuro em que a tecnologia e a humanidade prosperam juntas.

Tendências emergentes

À medida que a tecnologia de IA continua a evoluir, novas tendências emergentes apresentam tanto oportunidades quanto desafios éticos. A expansão da IA autônoma em setores críticos, o desenvolvimento de sistemas cada vez mais complexos e a integração da IA em dispositivos pessoais e domésticos são exemplos de áreas que exigirão uma vigilância ética contínua. A resposta a essas tendências dependerá de nossa capacidade de antecipar problemas éticos e desenvolver soluções proativas.

Educadores em tecnologia e ética enfrentam o desafio de preparar a próxima geração de profissionais de IA para navegar em questões éticas complexas. Cursos sobre ética na área, *workshops* sobre tomada de decisões responsáveis e a integração da ética em currículos de ciência da computação são essenciais para cultivar uma mentalidade ética entre os futuros desenvolvedores e pesquisadores.

Finalmente, uma abordagem global colaborativa para a ética em IA é vital para enfrentar os desafios éticos que transcendem fronteiras nacionais. Organizações internacionais, governos, empresas e grupos da sociedade civil precisam trabalhar juntos para estabelecer normas globais e compartilhar melhores práticas. Essa cooperação pode ajudar a garantir que a IA seja desenvolvida e utilizada de maneira responsável e ética em todo o mundo.

IA para o bem social

Como já mencionado anteriormente, a aplicação de IA no setor da saúde tem revolucionado o diagnóstico e tratamento. Por exemplo, algoritmos de aprendizado de máquina são utilizados para analisar imagens médicas com precisão superando, em alguns casos, a dos especialistas humanos. Esses sistemas podem identificar padrões que são imperceptíveis ao olho humano, possibilitando diagnósticos mais rápidos e precisos.

IA e sustentabilidade ambiental

Os sistemas de IA também estão sendo empregados para monitorar e combater as mudanças climáticas. Algoritmos analisam grandes conjuntos de dados ambientais para prever padrões climáticos, otimizar o uso de recursos energéticos e sugerir estratégias de redução de emissões. Essas aplicações não apenas melhoram a eficiência, mas também promovem um impacto ambiental positivo.

A introdução da penicilina no campo médico é uma analogia poderosa para o impacto potencial da IA. Assim como a penicilina revolucionou o tratamento de infecções bacterianas, salvando inúmeras vidas, a IA tem o potencial de resolver problemas complexos de maneiras que antes pensávamos serem impossíveis, transformando setores inteiros e melhorando a qualidade de vida globalmente.

11.4 Casos conhecidos

Viés em algoritmo de recrutamento da Amazon

Em 2018, foi revelado que a Amazon havia desenvolvido um sistema de recrutamento baseado em inteligência artificial com o objetivo de otimizar o processo de seleção de novos empregados. O sistema usava algoritmos de aprendizado de máquina para avaliar os currículos dos candidatos e selecionar os mais promissores para as próximas etapas do processo de recrutamento.

O sistema de IA acabou aprendendo a favorecer candidatos masculinos em detrimento de mulheres. Isso ocorreu porque o modelo foi treinado com dados históricos de contratações da empresa, que continham uma predominância de currículos de homens, refletindo o viés de gênero existente no setor de tecnologia. Como resultado, o sistema inadvertidamente aprendeu a replicá-lo. Por exemplo, o algoritmo penalizava currículos que incluíam a palavra "mulher", como em "capitã da equipe de xadrez feminina" e tendia a favorecer verbetes que eram mais comuns em currículos de homens, como "executado" ou "capturado".

Ao perceber que o sistema estava perpetuando o preconceito de gênero, a Amazon desativou o algoritmo e não o utilizou para decisões reais de contratação. A empresa teve que enfrentar as implicações éticas do uso de IA, que, sem as salvaguardas adequadas, pode perpetuar e amplificar vieses sociais preexistentes. Esse caso tornou-se um exemplo frequentemente citado dos perigos de depender excessivamente de sistemas automatizados sem uma supervisão rigorosa e uma compreensão profunda dos dados subjacentes.

Caso de reconhecimento facial da IBM e viés racial

Em 2018, uma pesquisa liderada por Joy Buolamwini, do MIT Media Lab, revelou que os sistemas de reconhecimento facial de várias empresas, incluindo IBM, Microsoft e Face++, exibiam preconceito racial e de gênero significativos. Os sistemas eram precisos na identificação de rostos de homens brancos, mas apresentavam taxas de erro muito mais altas para mulheres negras.

O estudo, intitulado "Gender Shades", descobriu que os sistemas de reconhecimento facial da IBM tinham uma taxa de precisão de 99% para homens brancos, mas essa precisão caía para cerca de 65% para mulheres negras. O problema originou-se dos conjuntos de dados utilizados para treinar esses sistemas, que não eram suficientemente diversificados e continham predominantemente imagens de rostos brancos.

Após a publicação do estudo, a IBM reconheceu as falhas em seus sistemas e prometeu tomar medidas para melhorar a diversidade dos dados de treinamento e testar mais rigorosamente seus produtos para evitar vieses. A empresa também lançou um novo conjunto de dados chamado "Diversity in Faces", para ajudar a comunidade de pesquisa a desenvolver tecnologias de reconhecimento facial mais justas e precisas.

Google Fotos e a classificação racial incorreta

O Google Fotos utiliza algoritmos de aprendizado de máquina para analisar e categorizar automaticamente imagens com base em objetos, lugares, pessoas e animais reconhecíveis. Esse serviço procura facilitar a organização e busca de fotos para os usuários.

O problema surgiu quando um usuário negro relatou no Twitter que suas fotos, e as de sua amiga negra, foram categorizadas pelo Google Fotos sob a etiqueta "gorilas". O incidente foi amplamente visto como um exemplo de como os algoritmos podem perpetuar preconceitos raciais, resultante de conjuntos de dados de treinamento não diversificados e testes insuficientes para garantir que a tecnologia funcione de maneira justa para todos.

O Google respondeu rapidamente ao incidente, pedindo desculpas e admitindo que ainda havia muito trabalho a ser feito em termos de aprimoramento de seus sistemas de IA para prevenir esses tipos de erros. A empresa então bloqueou temporariamente o uso das tags "gorila", "chimpanzé" e "macaco", enquanto trabalhava para aprimorar o algoritmo para evitar futuras classificações errôneas.

CAPÍTULO 12:
FUTURO EM IA

12.1 Avanços tecnológicos em inteligência artificial

A área de inteligência artificial (IA) tem experimentado uma evolução constante, impulsionada tanto por inovações algorítmicas quanto por avanços em capacidades computacionais e novas arquiteturas de aprendizado de máquina. Os algoritmos de IA têm avançado significativamente nos últimos anos, com progressos notáveis em áreas como aprendizado profundo, processamento de linguagem natural e visão computacional. Uma das tendências mais impactantes é o desenvolvimento de técnicas de aprendizado não supervisionado e semissupervisionado, que permitem que os modelos aprendam com uma quantidade menor de dados rotulados. Isso é muito importante, dado o custo e a dificuldade de obter grandes conjuntos de dados anotados.

Outra inovação algorítmica é o aprimoramento dos modelos generativos, como as redes generativas adversariais (GANs) e os modelos de autorregressão, que têm sido usados para criar imagens, música e textos altamente realistas. Essas tecnologias não apenas abrem novas possibilidades para aplicações criativas, mas também melhoram a capacidade dos sistemas de IA de entender e gerar conteúdo humano de maneira mais natural e precisa.

Capacidades computacionais avançadas

Os avanços nas capacidades computacionais têm sido um motor fundamental para o progresso da IA. O desenvolvimento de GPUs mais potentes e a introdução de TPUs (*tensor processing units*) especializadas para operações de IA têm reduzido significativamente o tempo necessário para treinar modelos complexos. Além disso, a computação em nuvem e as infraestruturas de IA como serviço (IAaaS) têm democratizado o acesso a recursos computacionais poderosos, permitindo que mais inovadores e pesquisadores desenvolvam e testem algoritmos de IA.

A computação quântica é outra área promissora que pode revolucionar a IA. Embora ainda esteja em seus estágios iniciais, a computação quântica tem o potencial de processar informações em uma escala e velocidade que são inatingíveis com a computação clássica. Isso poderia levar a avanços significativos em tarefas que são atualmente muito complexas para os algoritmos convencionais, como otimização, química computacional e desencriptação.

Novas arquiteturas de aprendizado de máquina

As arquiteturas de aprendizado de máquina também estão em constante evolução. O surgimento dos *transformers* e sua aplicação em modelos como BERT e GPT-3 demonstraram como novas arquiteturas podem oferecer melhorias substanciais no processamento de linguagem natural. Essas arquiteturas são mais eficientes no tratamento de sequências longas de dados, como texto ou séries temporais, e oferecem melhorias na precisão e no entendimento contextual.

Além disso, as pesquisas estão cada vez mais focadas em tornar as arquiteturas de aprendizado de máquina mais eficientes e menos dependentes de grandes quantidades de energia e dados.

Isso inclui o desenvolvimento de modelos mais leves que podem ser executados em dispositivos de borda, como *smartphones* e sensores IoT, facilitando aplicações de IA em tempo real sem necessidade de conexão constante com a nuvem.

Os avanços tecnológicos em IA estão redefinindo o que é possível em muitos campos, desde a medicina até a arte. À medida que os algoritmos se tornam mais sofisticados, as capacidades computacionais expandem e novas arquiteturas são desenvolvidas, o futuro da IA promete não apenas melhorar as máquinas que usamos, mas também a maneira como vivemos e trabalhamos.

12.2 IA generalista *versus* especialista

A divisão entre sistemas de inteligência artificial (IA) generalistas e especialistas é um tema central no campo da IA. Enquanto os especialistas são projetados para executar tarefas específicas com alta competência, os sistemas generalistas aspiram a entender e realizar uma ampla gama de tarefas, imitando a flexibilidade da inteligência humana.

Os sistemas de IA especialista são projetados para realizar tarefas bem definidas e operar dentro de domínios específicos. Eles são o resultado de décadas de pesquisa em IA, com aplicações que vão desde diagnósticos médicos até recomendações de produtos em plataformas de e-commerce. Esses sistemas geralmente utilizam técnicas de aprendizado de máquina para desenvolver padrões de grandes volumes de dados específicos do domínio, o que os torna extremamente eficientes e precisos dentro de seu campo de aplicação.

A principal vantagem dos sistemas especialistas é a sua eficácia em resolver problemas complexos em áreas nas quais padrões detalhados e conhecimentos específicos são necessários. Por exemplo, em finanças, sistemas de IA podem ser treinados para detectar fraudes com base em características muito específicas de transações que podem não ser evidentes para humanos ou generalistas de IA.

Os sistemas de IA generalista, em contraste, visam a uma abordagem mais holística, equipando a máquina com a capacidade de realizar múltiplas tarefas e resolver uma variedade de problemas sem a necessidade de reprogramação ou reestruturação intensiva. O objetivo é imitar a inteligência humana de forma mais fiel, permitindo que a máquina aprenda e adapte suas habilidades a novos contextos e desafios, muitas vezes sem supervisão direta.

O desenvolvimento de sistemas de IA generalista ganhou ímpeto com o avanço das redes neurais profundas e algoritmos capazes de aprendizado transferível, no qual um modelo pode aplicar conhecimento aprendido em uma tarefa para melhorar o desempenho em outra. Modelos como o GPT-3, da OpenAI, são exemplos de IA generalista, demonstrando capacidades de realizar diversas tarefas de PLN, desde escrever artigos até criar código, sem treinamento específico para cada tarefa.

Desafios e limitações

Apesar do potencial impressionante, a IA generalista enfrenta desafios significativos. O maior deles é a necessidade de enormes quantidades de dados e capacidade computacional para treinar modelos eficazes que podem generalizar bem. Além disso, eles frequentemente carecem da precisão de sistemas especializados em tarefas específicas, em particular nas que requerem grande domínio da área ou conhecimento técnico.

Outra preocupação é a capacidade de controle e previsibilidade. Sistemas especialistas, com suas operações confinadas a domínios restritos, são mais fáceis de monitorar e validar. Todavia, os sistemas generalistas, com sua abrangência e flexibilidade, podem produzir comportamentos imprevistos ou indesejados, especialmente em situações não contempladas durante o treinamento.

A escolha entre desenvolver IA generalista ou especialista depende do contexto de uso, dos requisitos de desempenho, da disponibilidade de dados e recursos computacionais. Enquanto os sistemas especialistas continuarão a dominar áreas em que a precisão e a eficiência são críticas, os avanços nos sistemas generalistas estão abrindo novas fronteiras, prometendo uma era em que as máquinas podem aprender e adaptar-se de maneira semelhante aos humanos. O futuro da IA provavelmente verá uma coexistência de ambos os tipos de sistemas, cada um complementando o outro em diferentes aplicações e cenários.

12.3 Interseção da IA com outras tecnologias

A integração da inteligência artificial (IA) com outras tecnologias está revolucionando múltiplos setores, criando soluções mais completas e eficientes que prometem transformar tanto indústrias quanto o cotidiano.

IA e robótica

A robótica, uma das primeiras áreas a se integrar com a IA, continua a evoluir por meio dessa parceria. A IA proporciona aos robôs capacidades avançadas de percepção, decisão e aprendizado, permitindo que executem tarefas mais complexas e variadas. Por exemplo, robôs equipados com visão computacional baseada em IA podem identificar e manipular objetos com precisão surpreendente, adaptando-se a ambientes dinâmicos em tempo real. Essa combinação é fundamental em setores como a manufatura automotiva, em que robôs precisam de flexibilidade para trabalhar com diferentes modelos e configurações de veículos, e também em contextos de pesquisa nas quais robôs assistem em experimentos complicados que requerem adaptabilidade e precisão.

IA e biotecnologia

Na biotecnologia, a IA está desempenhando um papel crucial em áreas como a genômica e o desenvolvimento de fármacos. Algoritmos de aprendizado de máquina estão sendo usados para analisar grandes conjuntos de dados genéticos, acelerando a identificação de correlações entre genes e doenças e potencializando a medicina personalizada. Além disso, na descoberta de novos medicamentos, a IA pode prever a eficácia e os efeitos colaterais potenciais de compostos antes mesmo de serem sintetizados em laboratório, reduzindo significativamente os custos e o tempo necessários para o desenvolvimento de novos tratamentos.

IA e nanotecnologia

A interseção da IA com a nanotecnologia abre possibilidades excitantes, principalmente no desenvolvimento de materiais inteligentes e dispositivos nanotecnológicos. A IA ajuda a modelar e simular propriedades de materiais em escala nanométrica, o que é essencial para inovações em eletrônica, catalisadores e sensores. Um exemplo promissor é o uso de sistemas baseados em IA para otimizar o desenho de nanocircuitos, que são componentes críticos em dispositivos eletrônicos avançados, incluindo sensores biomédicos que podem monitorar condições de saúde em tempo real.

IA e internet das coisas (IoT)

A IoT se beneficia imensamente da integração com a IA, especialmente na otimização da coleta de dados e automação de processos. Dispositivos IoT equipados com IA podem não apenas coletar dados, mas também analisá-los para tomar decisões inteligentes sem intervenção humana. Essa capacidade é fundamental em aplicações como casas inteligentes, as quais dispositivos podem aprender e antecipar as necessidades dos moradores, ajustando automaticamente a iluminação, temperatura e segurança. Em escala maior, a integração de IA com IoT está facilitando o desenvolvimento de cidades inteligentes, nas quais sistemas de transporte, consumo de energia e serviços públicos são otimizados para melhor eficiência e sustentabilidade.

A convergência da IA com outras tecnologias está não apenas ampliando os horizontes da inovação, como também promovendo avanços que eram inimagináveis até poucos anos atrás. Cada interseção oferece oportunidades únicas para resolver problemas complexos de maneiras mais eficientes e eficazes. À medida que esta integração se aprofunda, podemos esperar uma transformação significativa em muitos aspectos da vida quotidiana e industrial, pavimentando o caminho para um futuro no qual a tecnologia e a inteligência artificial andam de mãos dadas em direção ao progresso.

12.4 Ética e governança em IA

A expansão da inteligência artificial (IA) em diversas áreas da vida cotidiana e industrial levanta questões éticas importantes que necessitam de atenção urgente. A seguir, exploraremos as complexidades éticas associadas ao uso da IA, incluindo privacidade, segurança, viés algorítmico e responsabilidade. Também discutimos como as políticas globais e regulamentações estão sendo moldadas para orientar o desenvolvimento responsável e ético da IA.

Questões éticas em IA

- Privacidade: a capacidade da IA de processar grandes volumes de dados pessoais tem implicações significativas para a privacidade. Sistemas de IA que coletam, armazenam e analisam dados podem potencialmente expor informações sensíveis ou serem usados para monitorar indivíduos sem seu consentimento explícito. A preocupação com a privacidade é especialmente aguda em aplicações como reconhecimento facial, monitoramento por drones e análise preditiva em saúde e finanças.
- Segurança: é uma preocupação primordial em sistemas de IA, principalmente quando são usados em infraestrutura crítica, como redes de energia, sistemas de transporte e serviços de saúde. A integridade e a segurança dos algoritmos de IA são fundamentais para evitar manipulações mal-intencionadas que podem levar a consequências desastrosas.
- Viés algorítmico: pode surgir de dados de treinamento desequilibrados ou preconceitos inconscientes dos desenvolvedores. Isso pode levar a resultados discriminatórios ou injustos, especialmente em áreas sensíveis como

contratação de emprego, concessão de crédito e serviços judiciais. O reconhecimento e a correção de vieses são essenciais para garantir que os sistemas de IA sejam justos e não perpetuem desigualdades existentes.

- Responsabilidade: determinar a responsabilidade em sistemas de IA é complicado, principalmente em casos nos quais decisões autônomas resultam em danos. A questão de quem – o desenvolvedor, o usuário ou o próprio sistema – deve ser responsabilizado por erros ou danos causados por IA é um desafio ético e legal significativo.

Governança e regulamentações globais

A governança da IA é primordial para lidar com essas questões éticas. Diversos países e organizações internacionais estão trabalhando na criação de diretrizes e regulamentações para orientar o desenvolvimento e a implementação de tecnologias de IA. Por exemplo, a União Europeia lançou o Regulamento Geral sobre a Proteção de Dados (GDPR), que inclui diretrizes sobre o processamento de dados pessoais e o "direito de explicação", que obriga os desenvolvedores de IA a fornecerem explicações compreensíveis dos resultados de seus sistemas.

Além disso, iniciativas como a Partnership on AI, que reúne empresas de tecnologia, organizações sem fins lucrativos e acadêmicos, visam promover práticas de IA seguras, éticas e transparentes. Essas iniciativas são complementadas por esforços acadêmicos e de *think tanks* que exploram implicações futuras da IA e propõem políticas para mitigar riscos potenciais.

A integração de considerações éticas no desenvolvimento e na implementação da IA é vital para garantir que esta tecnologia beneficie a sociedade de maneira justa e segura. Conforme avançamos, a colaboração entre legisladores, desenvolvedores de IA e a sociedade civil será determinante para criar um *framework* ético robusto que guie o avanço da IA. As políticas e regulamentações desempenharão um papel-chave em moldar o futuro da IA, assegurando que suas aplicações promovam o bem-estar coletivo e evitem danos potenciais.

12.5 Impacto social e cultural da inteligência artificial

A inteligência artificial (IA) não é apenas uma força disruptiva no mercado de trabalho e na economia; ela também exerce uma influência profunda sobre o tecido social e cultural da sociedade.

O impacto social e cultural da IA é vasto e multidimensional, influenciando desde a forma como interagimos e criamos conteúdo até profundas questões filosóficas sobre nossa própria natureza. À medida que esta tecnologia continua a se desenvolver, será essencial abordar esses desafios de maneira ética e consciente, garantindo que a IA seja usada de forma que beneficie a sociedade em geral e promova um futuro em que a tecnologia e a humanidade possam coexistir harmoniosamente.

Transformações sociais

- Alterações nas dinâmicas de interação: a IA está remodelando a forma como interagimos uns com os outros. Plataformas de redes sociais, alimentadas por algoritmos de IA, agora influenciam não apenas com quem interagimos, mas como percebemos essas interações. Algoritmos de recomendação decidem o conteúdo que vemos, modelando nossas percepções e, por vezes, nossas opiniões. Isso pode reforçar câmaras de eco e polarizar discussões, mas também pode ser usado para conectar pessoas com interesses semelhantes e fomentar comunidades positivas.

- Impacto na privacidade e vigilância: a capacidade da IA de processar e analisar grandes quantidades de dados tem implicações significativas para a privacidade. A utilização de tecnologias de reconhecimento facial e a coleta de dados pessoais têm levantado preocupações sobre vigilância e controle, não apenas por entidades governamentais, mas também por corporações privadas. Essas práticas desafiam noções tradicionais de privacidade e exigem um novo entendimento sobre o que significa ser vigiado.
- Criação e consumo de conteúdo: a IA está também revolucionando as indústrias criativas, influenciando tudo desde a música até as artes visuais e a literatura. Algoritmos de IA podem agora compor música, criar obras de arte e até escrever textos, desafiando nossas concepções de criatividade e autoria. Enquanto isso democratiza a criação artística, permitindo que mais pessoas criem e compartilhem obras, também levanta questões sobre originalidade e a essência do processo criativo humano.
- Influência na identidade e percepção: a interação com sistemas baseados em IA, como assistentes virtuais e *chatbots*, está mudando a forma como percebemos a máquina e o humano. À medida que esses sistemas se tornam mais sofisticados, capazes de emular conversas humanas e responder com aparente empatia, nossa relação com a tecnologia torna-se mais complexa. Isso influencia não apenas como interagimos com máquinas, mas como

essas interações alteram nossa visão sobre nós mesmos e nossos pares.

Redefinindo a humanidade

- Ética e moralidade: a ascensão da IA coloca questões éticas prementes que desafiam velhas normas morais. Por exemplo, carros autônomos devem tomar decisões que podem implicar dilemas morais, como escolher entre causar danos a passageiros ou pedestres durante acidentes iminentes. Como programamos essas máquinas reflete e, ao mesmo tempo, molda nossas próprias éticas.
- Implicações filosóficas: em um nível mais profundo, a IA está nos fazendo questionar o que significa ser humano. A possibilidade de máquinas terem inteligência e talvez até consciência desafia nossas ideias fundamentais sobre alma, consciência e identidade pessoal.

12.6 Impacto da inteligência artificial no mercado de trabalho e na economia

A inteligência artificial (IA) está remodelando o mercado de trabalho e a economia de maneiras profundas e complexas.

- Automação de funções existentes: uma das transformações mais evidentes trazidas pela IA é a automação de tarefas rotineiras e repetitivas. Os sistemas de IA e robótica estão sendo implementados em setores como manufatura, varejo e serviços financeiros, para aumentar a eficiência e reduzir custos operacionais. Isso inclui desde robôs em linhas de montagem até *chatbots* em serviços de atendimento ao cliente. A automação não apenas muda a natureza do trabalho nesses campos, mas também reduz a demanda por trabalho humano em tarefas específicas, o que pode levar à reestruturação de empregos e, em alguns casos, a demissões.

- Criação de novos empregos: por outro lado, a IA também está criando categorias de empregos. À medida que a tecnologia avança, há uma crescente demanda por especialistas em IA, cientistas de dados, engenheiros de *software* e técnicos de manutenção para sistemas automatizados. Além disso, também está dando origem a novas indústrias e serviços, como assistentes de saúde pessoais alimentados por IA, consultoria de estratégia de dados e desenvolvimento de interfaces homem-máquina avançadas.
- Transformação de habilidades e capacitação: a IA está mudando o tipo de exigências requeridas no mercado de trabalho. Há um aumento na demanda por competências técnicas, como programação e análise de dados, bem como habilidades "humanas" que a IA não pode replicar facilmente, como criatividade, empatia e habilidades interpessoais. Isso está levando a uma necessidade de requalificação e educação contínua, em que tanto indivíduos quanto empresas precisam investir em aprendizado para manter a relevância profissional.

Efeitos na economia global

- Aumento da produtividade e eficiência: a implementação de sistemas de IA pode levar a um aumento significativo da produtividade, especialmente em setores que adotam rapidamente a automação. A IA pode processar e analisar grandes quantidades de dados mais rapidamente do que os humanos, permitindo decisões de negócios mais informadas e eficientes. Isso pode impulsionar o crescimento econômico, mas também pode exacerbar as desigualdades entre as indústrias e economias que têm acesso a essas tecnologias e aquelas que não têm.

- Impacto sobre salários e desigualdade: a automação pode levar a uma polarização dos salários, nos quais empregos de alta e baixa qualificação se expandem, enquanto os de média qualificação diminuem. Isso pode aumentar a desigualdade de renda, pois trabalhadores de setores altamente automatizados podem perder terreno em relação àqueles em setores que exigem habilidades que a IA não pode replicar.

- Mudanças no comércio internacional: a IA também está transformando o comércio internacional, permitindo que as empresas otimizem suas cadeias de suprimentos e entrem em novos mercados com menos barreiras. No entanto, isso também pode alterar o equilíbrio econômico global, conforme as nações com maior capacidade de implementar e inovar com tecnologias de IA podem ganhar vantagens comerciais significativas.

O impacto da IA no mercado de trabalho e na economia é multifacetado, apresentando tanto oportunidades quanto desafios significativos. Enquanto a tecnologia promete aumentar a eficiência e abrir novos caminhos para o crescimento econômico, também levanta questões importantes sobre a distribuição desse crescimento, a segurança do emprego e a necessidade de políticas sociais e econômicas robustas para gerenciar a transição. A forma como escolhemos integrar a IA em nossas economias e sociedades determinará se suas capacidades tecnológicas podem ser harmonizadas com o progresso humano e social.

Mas e aí, vamos perder nossos empregos para a IA?

À medida que a inteligência artificial (IA) continua a se infiltrar em todos os aspectos de nossas vidas, desde recomendar a qual série assistir até dirigir carros por nós, uma pergunta inquietante ressoa nas mentes de muitos: vamos perder nossos empregos para robôs superinteligentes e máquinas algorítmicas? Enquanto exploramos esta questão, vamos manter um tom leve; afinal, se vamos competir com robôs pelo próximo emprego, melhor fazer isso com um sorriso.

Figura 12.1: A disputa entre homem e IA

Fonte: gerado em OpenAI, 2024.

O medo do robô substituto

A ideia de máquinas roubando empregos humanos não é nova. Desde o início da Revolução Industrial, quando as máquinas a vapor começaram a substituir trabalhadores manuais, até o presente, com *software*s de IA realizando diagnósticos médicos possivelmente melhor do que médicos humanos (desculpe, Dr. House), a tecnologia sempre provocou medos de obsolescência humana. Mas, antes que você comece a projetar cenários de um apocalipse dominado por IA, consideremos algumas nuances.

A automação, graças à IA, realmente transformou certos empregos. Por exemplo, os caixas de supermercado estão dando lugar aos automáticos. Mas, por outro lado, isso também criou empregos. Alguém precisa projetar, fabricar, programar e manter esses caixas automáticos. Em outras palavras, enquanto a IA pode ser uma má notícia para uma profissão, muitas vezes é uma portadora de boas novas para outra.

Pense na IA como aquele amigo bem-intencionado que, sem querer, conta *spoilers* de filmes, às vezes é irritante, mas fundamentalmente útil. Ele pode ser uma ameaça para trabalhos rotineiros e previsíveis, mas também é um impulsionador de empregos em tecnologia, análise de dados e outras áreas emergentes.

Vamos a um exemplo prático: desenvolvedores de IA e cientistas de dados estavam praticamente fora do radar de carreiras há duas décadas. Hoje, são algumas das profissões mais cotadas (e lucrativas) por aí. Portanto, enquanto a IA pode estar fechando algumas portas, está abrindo outras, algumas delas levando a caminhos completamente novos que ainda estamos explorando. Além disso, empregos que exigem empatia, criatividade e julgamento moral não estão no radar da IA. Por enquanto, é difícil imaginar um robô conduzindo terapia de casal, embora isso pudesse evitar acusações de tomar partidos!

A verdadeira questão talvez não seja se a IA vai tirar empregos, mas como ela vai transformar trabalhos que realizamos. Em muitos casos, a IA está se tornando uma ferramenta valiosa no local de trabalho, ajudando-nos a fazer nosso trabalho de forma mais eficiente. Médicos usam IA para interpretar rapidamente grandes volumes de dados de pacientes, enquanto advogados utilizam algoritmos para vasculhar milhares de documentos legais em questão de minutos, um trabalho que antes consumiria semanas.

Então, a IA está roubando nossos empregos? Talvez esteja mais para "redistribuindo" ou "transformando" nossos empregos. Enquanto navegamos nesta era de mudanças induzidas pela IA, talvez seja útil lembrar que cada geração enfrenta suas próprias interrupções tecnológicas e até agora, sempre encontramos novos empregos, novas profissões e novas maneiras de ser produtivos. E, honestamente, se um dia um robô puder fazer todo o meu trabalho enquanto eu tomo um café na praia, talvez isso não seja tão ruim assim.

REFERÊNCIAS

ACCURATE. *Redes Neurais*: o Caminho da Tecnologia da Informação do Futuro. Disponível em: <https://blog.accurate.com.br/redes-neurais/>. Acesso em: 21 mai. 2024.

BISHOP, Christopher M. *Pattern Recognition and Machine Learning*. New York: Springer, 2006.

BUOLAMWINI, Joy. GEBRU, Timnit. *Gender Shades*: Intersectional Accuracy Disparities in Commercial Gender Classification. MIT Media Lab. 2018. Disponível em: https://proceedings.mlr.press/v81/buolamwini18a/buolamwini18a.pdf. Acesso em: 22 mai. 2024.

CHMIDHUBER, Jürgen. *Deep Learning in Neural Networks*: An Overview. Neural Networks, v. 61, p. 85-117, 2015.

DORTA, Bruno. Figura 7.2. *7.4 Transformações | MCTA008-17 Computação Gráfica*. Disponível em: <https://www.brunodorta.com.br/cg/transforms>. Acesso em: 22 mai. 2024.

GÉRON, Aurélien. *Hands-On Machine Learning with Scikit-Learn, Keras, and TensorFlow*. 2. ed. Sebastopol: O'Reilly Media, 2019.

GOODFELLOW, Ian; BENGIO, Yoshua; COURVILLE, Aaron. *Deep Learning*. Cambridge: MIT Press, 2016.

HASTIE, Trevor; TIBSHIRANI, Robert; FRIEDMAN, Jerome. *The Elements of Statistical Learning*: Data Mining, Inference, and Prediction. 2. ed. New York: Springer, 2009.

HAYKIN, Simon. *Neural Networks and Learning Machines*. 3. ed. New York: Pearson, 2009.

JURAFSKY, Daniel; MARTIN, James H. *Speech and Language Processing*: An Introduction to Natural Language Processing, Computational Linguistics, and Speech Recognition. 3. ed. Upper Saddle River: Prentice Hall, 2021.

LAUBE, Alini Lessa. *Pixel e sistema RGB | Render Blog*. 1 Foto. Disponível em: <https://blog.render.com.br/*LASSO*-grafico/*pixel*-e-sistema-rgb/>. Acesso em: 23 mai. 2024.

LE CUN, Yann; BENGIO, Yoshua; HINTON, Geoffrey. *Deep Learning*. Nature, v. 521, p. 436-444, 2015.

MITCHELL, Tom M. *Machine Learning*. New York: McGraw-Hill, 1997.

MURPHY, Kevin P. *Machine Learning*: A Probabilistic Perspective. Cambridge: MIT Press, 2012.

PARETO. *Teste de Turing*: A Jornada da IA para a Autonomia! Disponível em: <https://blog.pareto.io/teste-de-turing/>. Acesso em: 20 mai. 2024.

RUSSELL, Stuart; NORVIG, Peter. *Artificial Intelligence*: A Modern Approach. 4. ed. Upper Saddle River: Prentice Hall, 2020.

SIGHTHOUND. Ai-Powered Traffic Management. Site Sighthound. Disponível em: <https://www.sighthound.com/blog/ai-powered-traffic-management>. Acesso em: 23 mai. 2024.

TensorFlow. Disponível em: <https://www.tensorflow.org/?hl=pt-br>. Acesso em: 21 mai. 2024.

V7 LABEL. *The Complete Guide to Panoptic Segmentation [+V7 Tutorial]*. Disponível em: https://www.v7labs.com/blog/panoptic-segmentation-guide. Acesso em: 22 mai. 2024.

VASWANI, A. *et al. Attention is All you Need*. Disponível em: <https://www.semanticscholar.org/paper/Attention-is-All-you-Need-Vaswani-Shazeer/204e3073870fae3d05bcbc2f6a8e263d9b72e776>. Acesso em: 23 mai. 2024.

ZADEH, Lotfi A. *fuzzy Sets*. Information and Control, v. 8, n. 3, p. 338-353, 1965.